L'AVENTVRIER BVSCON

HISTOIRE FACETIEVSE.

Composee en Espagnol, par Dom Francisco de Quévedo, Caualier Espagnol.

Ensemble les Lettres du Cheualier de l'Espargne.

A PARIS,

De l'Imprimerie D'ARNOVLD COTINET, ruë des Carmes, prés la Mazure.

M. DC. XLV.

L'IMPRIMEVR AVX LECTEVRS.

MESSIEVRS,

Puisque les agreables Visions de Monsieur de la Geneste, vous ont donné suiect d'admirer les gentillesses d'esprit du Caualier Quévédo, il n'est pas necessaire d'vser icy de belles parolles, pour semondre vostre bien-veillance, & exciter vostre curiosité : C'est assez de vous aduertir que ceste piece vient de luy. Seulement vous diray ie en passant, qu'elle a esté façonnée à la Françoise, d'vne main qui la

A ij

merueilleusement bien embellie, comme il sera facilement reconnu de ceux qui sont capables de iuger de tels ouurages. Cela vous suffise, Messieurs: Et Dieu vous garde d'vn long Prologue, car il est tousiours plus ennuyeux que bon, de quelque lieu qu'il puisse venir.

AR. C.

L'AVENTVRIER BVSCON.

DE L'EXTRACTION DE Buscon, & des qualitez de ses pere & mere.

Seigneurs Lecteurs, ie suis de Segouie, ville du Royaume d'Espagne, en la Prouince de Castille. Mon pere se nommoit Ysidor, & estoit natif de la mesme ville, & du mestier de Barbier, mais il auoit le courage si haut, qu'il se faschoit tousiours quand on l'appelloit Barbier, disant qu'il estoit ton-

A iiij

deur de ioües, & tailleur de barbes; Sa femme, qui comme ie croy estoit ma mere, s'apelloit Roquille. On auoit opinion en nostre quartier, que elle fust de race Iudaïque. Elle estoit d'assez bonne apparence, & passablement belle, & pour ce sujet la pluspart des Vesificateurs & des Poëtes d'Espagne, firent plusieurs plaisantes œuures sur elle. Au commencement de son mariage, & encore depuis, elle eut de grādes fascheries; car il y auoit de mauuaises langues en nostre voisinage, qui disoient qu'elle auoit osté l'I romain du nom de mon pere, pour y loger l'Y grec. Le pauure homme fut accusé, & mesme conuaincu, que quand il faisoit le poil à quelqu'vn auec le razoir, & tandis qu'il decrassoit & debarboüilloit le groüin de ses patients, & qu'il leur tenoit le nez en haut, vn mien petit frere d'enuiron sept ans, leur tiroit fort subtilemét la moüelle des pochettes : mais ce pauure petit ange-là mourut sous la penitence d'vne discipline, qui luy fut sanglée vn peu trop vertement dans la prison. Mon pere en fut grandement affligé : car il faisoit vn bon negoce auec luy : il auoit esté auant sa mort (& non pas depuis) plusieurs fois prisonnier : mais à ce qu'on m'a dit, il en sortoit tousiours fort honorablemét, & accompagné de toutes conditions de personnes ; on dit mesme que les Dames se mettoient aux fenestres pour voir cette pompe-là. Ie ne fais pas vanité de vous raconter cecy, car chacun sçait bien que ce n'est pas mon humeur.

Reuenant à ma mere, vn iour vne vieille qui me seruoit de nourrice, me disoit, pour la loüer, qu'elle auoit tant d'attraits, qu'elle ensorceloit tous ceux qui la frequétoient; sçauoit fort dextremét r'entraire vne defloration déchirée, remettre le sein en son premier estat, & déguiser la vieillesse: aucuns l'appelloient renoüeuse d'affections disloquées; & d'autres plus rustiques, l'apelloient maquerelle tout naïfuement, & raffle de dix, pour l'argent de tous ceux qui auoiét affaire à elle, mais elle n'en faisoit que rire, afin de les mieux attraper quand le cas y écheoit. Ie ne feray point de difficulté de vo9 dire la penitéce qu'elle faisoit: elle auoit vne chambre où il n'entroit personne qu'elle, qui ressembloit à vn cimetiere, car elle estoit toute pleine d'osseméts de trespassez, qu'elle gardoit à son dire, pour memoire de la mort, & pour mesprifer la vie: Son plancher estoit tout garny de figures de cire, de veruaine, de fougere, & d'autres herbes de la veille S. Iean, dót elle faisoit d'étranges compositions.

Il y eut vn iour vne grande dispute entre mon pere & elle, pour resoudre auquel de leurs deux mestiers ie me deuois plustost adonner: mais moy, qui eus tousiours dés mó enfance des sentimens genereux, & de Caualier, ie ne me voulus iamais mesler ny de l'vn, ny de l'autre. Mon fils, me disoit mon pere, le mestier de Larron est vn art liberal, & non pas mécanique: les plus honnestes gens s'en meslent aujourd'huy, & quiconque ne desrobe, ne sçait pas comme il faut viure dans le monde: & vien-çà, pourquoy pense tu que les Sergens & les Archers nous persecutent tát? c'est parce qu'vn potier haït vn autre potier: pourquoy est-ce qu'ils nous bannissent, qu'ils nous foüettent & nous pendent? (ie ne puis quasi dire cecy sans auoir les larmes aux yeux) car le bon vieillard

pleuroit comme vn enfant, se souue-
nant combien de fois on luy auoit é-
mouché les épaules; c'est parce qu'ils
ne voudroient pas qu'il y eust d'autres
larós qu'eux, aux lieux où ils habitét:
mais l'astuce nous deliure bien souuét
de leurs mains. Durant ma ieunesse,
i'allois ordinairemét par les Eglises &
par les marchez, & autres lieux d'assemblées publiques: mais quoy que
ie fusse pris, ie me sauuois tousiours
par le grand chemin de Niort, car i'a-
uois vn fort bon bagoulier; de sorte
qu'auec ces exercices manuels, i'ay
nourry ta mere & toy aussi le plus ho-
norablement qu'il m'a esté possible.
Comment, mercy-Dieu, vous dites
que vous m'auez noury? lui repart ma
mere toute en cholere, jan il s'en faut
beaucoup; c'est moy qui vous ay four-
ny de pain aux dépens de ma chair, &
qui vous ay maintefois tiré de prison

par mon addresse: Et par vostre foy, quand on vous donnoit la questió, & que vous ne côfessiez rié, cela venoit-il de la force de vostre courage, ou des breuuages que ie vous faisois prédre qui me coutoient mon bon argent? Non, non, vous estes vn ingrat: que si ie ne craignois qu'ó m'ouyst en la ruë, ie vous ramenteurois quand i'entray par la cheminée d'vne chábre où vous estiez vne fois pris, comme dans vne ratiere, que ie vous fis sortir par vne lucarne de grenier comme vn chat. Elle en eust dit dauantage (car elle estoit fort irritée) si dans la violéce de son action, elle n'eust défilé son chapellet, fait de grosses déts de plusieurs morts, à qui elle auoit abregé la vie, qu'il luy falut amasser: Et moy, pour ne donner de l'enuie, ny de la ialousie & à l'vn, ny à l'autre, ie leur dis que resolument ie voulois apprendre la vertu, & suiure mes bonnes inclinations. Pour cét effet, ie les priay de m'enuoyer à l'école, pour commencer par l'écriture. Cette proposition leur sembla fort bonne, toutefois ils ne laisserent pas d'en quereller encore entre eux deux. Ma mere se mist à r'enfiler son chappellet d'arracheur de dents, mon pere s'en alla razer vn quidam, ie ne sçay si ce fut de sa barbe ou de sa bource; & moy ie demeuray tout seul rendant graces à mon destin, de m'auoir fait naistre de deux personnes si illustres, si sçauants, & si soigneux de ma bonne fortune.

Buscon est mis à l'Escole, & la plaisante auanture qui luy arriua estant Roy des Escoliers.

Quelques iours apres, on m'acheta le premier liure des Docteurs, qui est vn Alphabet, que les enfás appellent la croix de par Dieu: & ayant fait marché à vn quart d'écu par mois, on m'enuoya à l'école. Mó maistre me receut auec vn visage fort gracieux, car il venoit de manger vn morceau de lard. Il déiunoit quand nous l'allasmes trouuer, & dit à mon pere que i'auois la filomie (pour dire physionomie) d'estre quelque iour plus grand personnage que ie n'estois alors. Il n'y auoit pas huict iours que i'allois à l'école, quád la maistresse qui estoit vne friquette, reconnut que i'auois quelque viuacité d'esprit, & que ie pourrois estre fort propre à faire ses messages: cela fut cause qu'elle me faisoit plus de caresse qu'aux autres écoliers, qui deuinrét enuieux de moy. Et pour vous móstrer que i'ay tousiours eu du courage, dés cette heure-là, ie ne m'acostois que de ceux qui estoient plus grands que moy; de sorte que ie fis confidence auec le fils d'vn Caualier de la ville, appellé Don Alóso de Sougniga. Nous déieunions & goûtions ensemble: les festes ie m'allois ioüer chez luy; bref, i'estois perpetuellement en sa compagnie: & les autres Escoliers, soit qu'ils fussent faschez que ie tinsse conte d'eux, ou qu'ils voulussent reprimer ma presomptió, ils me donnoient tousiours quelque lardon sur le mestier de mó pere: Les vns m'appelloiét Monsieur de la Raze, Monsieur de la Ventouze, Monsieur Diaculũ: tel me reprochoit que ma mere luy auoit debauché deux sœurs: tel disoit que mon pere auoit esté mené chez luy pour en chasser les souris, pour donner à entédre que c'estoit vn chat, & vne infinité d'autres paroles offensiues: & bien que ie me fâchasse de toutes ces iniures-là, ie n'é faisois pourtant pas semblant, sinon vn iour, qu'vn de mes compagnons auec qui i'eus quelque dispute en iouänt, m'appella fils de putain, & de sorciere: & parce qu'il profera ces paroles si clairement, que chacun l'entendit (que s'il l'eust dit plus sourdement, i'eusse peut-estre feint de ne les pas entēdre) ie luy iettay vne pierre si rudement par la teste, que le sang en sortit: Là dessus ie m'en allay courant à ma mere luy côter l'affaire, laquelle me respondit: tu as fort bien fait, mon enfant, tu monstres bien qui tu es: tu n'as failly qu'à ne luy auoir pas demādé qui luy auoit dit. Moy voyant cela, comme i'ay tousiours eu les pensées fort promptes & releuées; Ma mere, luy dis-ie, il ne me fasche que de ce que quelques-vns qui se trouuerent-là, me dirēt qu'il n'y auoit pas de quoy m'offencer tant: car ie ne leur deman-

day pas s'ils le disoient à cause de la
ieunesse du garçon. Ie la priay donc
de me dire si ie luy pouuois donner vn
démény, si elle m'auoit fait par extraordinaire, & si i'estois fils de mon pere: Comment, me dit-elle en sousriāt, es-tu desia si dessalé? Vrayment tu n'es pas si sot que ie pensois, tu as fort bien fait de te vanger, tu luy deuois rompre la teste: car puisque ces choses-là se font en cachette, c'est signe qu'on ne veut pas qu'elles soient publiées. A ces paroles, ie demeuray aussi penaut qu'vn fōdeur de cloches qui a laissé couler son metal: ie me rèsolus de prendre tout ce que ie pourrois dās la maison, & m'en aller courre le monde. Voyez combien l'honneur auoit desia de puissáce sur moy! Ie dissimulay toutefois mon dessein: mon pere s'en alla chercher le garçon pour éuiter le scandale, il le pensā gratis,

tis, & la paix fut faite, puis il me remena à l'école, où le Maistre me receut fort en colere: mais ayant apris le sujet de la querelle, & considerant que i'auois raison, il modera son courroux.

Durant ce temps-là, ie fus tousiours visité de cet Escolier que ie vous ay dit, auec qui i'auois fait amitié, il s'appelloit Dom Diego, & auoit vne grande inclination à m'aymer: Ie chágeois de sabots & de toupies auec luy quád les miennes estoient meilleures. Ie luy donnois des friandises que ie portois à l'école, & ne luy demandois iamais des siennes, ie luy apportois des images; enfin ie me rendois fort complaisát à tout ce qu'il vouloit: de sorte que ses pere & mere, qui ne conoissoiét pas l'infamie des miens, voyant que ma compagnie estoit si agreable à leur enfant, estoient fort contents quand i'alois disner, souper & coucher auec Do-

B

Diego; d'ailleurs i'estois assez cóplaisant à tous ceux qui m'enuisageoient, la nature m'auoit donné vn visage & vne taille que chacun trouuoit passablement agreable. Or vn iour apres les Festes de Noël, que nous alliós ensemble à l'escole, & rencontrant dans la ruë vn homme qui s'appelloit Ponce d'Aguire, qui se mesloit de Iudicature, & qui auoit l'esprit vn peu disloqué; le petit Diego me dit, appelons cetuy-là Ponce Pilate: & nous enfuyós, moy, pour contenter mon amy, ie le fis plutost qu'il ne l'eut dit, dequoy cet homme fut si outré de colere, qu'il se mist à courir apres moy, auec vn couteau à la main, pour me tuër, de sorte qu'il me falut doubler le pas, & me sauuer vistement chez mon Maistre d'escole, où l'offencé entra quant & quant, en criant & s'efforçant de me frapper, mais le maistre l'en empescha,

en luy promettãt de me bien chastier,
& cõbien que la maistresse vint à mon
secours, & s'employast pour me faire
pardonner, à cause des bons seruices
que ie luy rédois, il me fit détacher sur
le champ, & en me fouettant, il disoit
à chaque coup, direz-vous vne autre
fois Ponce Pilate? & moy ie luy respõ-
dois, helas! non Monsieur, telleméc
que pour luy auoir plusieurs fois reite-
ré ceste promesse, & me souuenãt du
rude chastiment qu'il m'auoit donné,
il aduint que le lendemain, lors qu'il
nous fit dire le *Credo* auec d'autres oraisons, comme il auoit accoustumé, que
ce vint à proferer ces paroles, *qui a souffert sous Ponce Pilate,* ie me ressouuins
de ma faute, & dis *qui a souffert sous
Ponce d'Ayguyre.* Voyez quelle innocence! Mon maistre admirãt ma grande simplicité, ne se pût tenir de rire, &
à l'instãt me promit de me pardonner

les deux premieres fautes que ie ferois, & encore qu'elles meritassent le fouët, que ie ne l'aurois pas ; auec cela ie demeuray fort content.

C'estoit alors le temps des Roys, & le maistre voulant donner quelque recreation à ses escoliers, delibera de faire vne Royauté: on partagea le gasteau, & sans supercherie le Royaume de la féue m'aduint, aussi-tost i'en donnay aduis à mes pere & mere, afin de me preparer des habillemens & des babioles. Le iour de la pompe estant arriuée, on me monta sur vn Roçinant de Dó Quichote; vn vray cheual de sorcier, le pl^9 maigre qu'on vid iamais; il auoit vne échine d'vn quart de lieuë de lóg, & qui estoit au reste le plus humble du monde, car il faisoit des reuerences. il estoit borgne, il auoit vn col de chameau, & la croupe d'vn singe, c'est à dire sans queuë : enfin c'estoit vn témoin muët, qui accusoit son gouuerneur de la vie austere & des ieunes qu'il luy faisoit faire en luy dérobât la moitié de sa nourriture: I'estois donc monté sur cet excellent cheual, accompagné de tous les autres enfans mes compagnons d'escole, parez des plus belles mirlifiques que leurs meres leur auoient pû donner. En ce bel arroy, nous passasmes par le marché, ie vous asseure que ie tremble encore de frayeur quand ie m'en souuiens: & approchât des bancs des herbieres, helas, Dieu nous garentisse de leur fureur! mon cheual qui mouroit de male-mort de faim, se ietta sur vn pannier de choux, & à belles maschoires le deuora en vn moment, & en farcit ses tripes, qui furent grandement resiouyes d'vn si friand repas. L'herbiere à qui les choux appartenoient, côme ce sont des femmes autant effrontées & impudentes que les harangeres, commence à crier apres moy à gueule ouuerte, où les autres accoururét aussi-tost, auec vne infinité de gueusailles, de porteurs de hottes, qui prenant des poignées de gros naueaux & d'oignons qui estoiét là dans des tonneaux, se mirent à les ruër sur le pauure Roy qui n'en pouuoit mais: Moy voyant que c'estoit vn combat naual, ie voulus descendre, mais à l'instant vn de ces coquins-là, donna vn si grand coup de baston sur le nez de mon cheual, que le faisant cabrer, & n'estant pas fort d'eschine, se laissa tomber, & moy quant & quant, non pas par terre, mais parlant par reuerence, dans vn priué offondré qui se rencontra là par mal-heur. Vous pouuez-vous imaginer de quelle façon ie fus accoutré. Sur ces entrefaites, mes compagnons qui s'estoient munis de pieces pour deffendre leur Roy, cafferent la ceruelle à deux de ces vendeuses d'herbes; la Iustice y vint, qui prit les herbieres & les écoliers qu'elle pût attraper, & se saisit des armes qu'ils leur trouuerent, car desia aucuns de mes subjets se vouloient seruir pour offensiues, de celles qu'ils ne portoient que pour parade, comme poignards, espées & jauelots. Et comme les Sergens vinrent à moy, combien que ie n'eusse point d'armes, parce qu'on me les auoit ostées; & les auoit on mises en vne court, auec mon chapeau & mon manteau royal pour les faire secher: ils ne laisserent pas de me les demander, à quoy ie répondis tout breneux, que ie n'ē auois point qui peussent offenser la vie, mais seulement l'odorat: Neantmoins, comme estant la persone principale de la tragedie, l'archer me voulut mener prisónier, mais il fut contraint de me laisser là, parce qu'il ne sçauoit par où me prédre, tant j'estois plein d'ordure. Les vns s'en alloient d'vn costé, les autres d'vn autre, & moy ie m'en retournay chez nous, en donnát par le nez de tous ceux que ie rencontrois par le chemin. Arriuant en nostre maison, ie racontay ma disgrace à mon pere & à ma mere: mais au lieu d'en rire, ils se mirent si fort en colere, de me voir si sale & si puant, qu'ils me penserent bien estriller. Ie m'excusois le mieux qu'il m'estoit possible, & en rejettois la faute sur le cheual qu'ils m'auoient baillé; & voyant que toutes mes raisons n'estoient pas receuës, ie m'en allay trouuer Dó Diego, qui s'en estoit retourné auec vn coup de pierre à la teste, qu'il auoit réporté de la bataille, qui fit resoudre ses pere & mere de ne le plus enuoyer à l'école.

On me vint apporter là dedans nouuelles de mon Roucinant, & me dit-on, que s'estant veu en vne telle extremité, & voulant faire de necessité vertu, il auoit tant fait d'efforts pour se retirer de ce vilain bourbier, qu'il auoit rompu sangles, poitral & croupiere, & estoit demeuré tout nud, sur le point de rendre le dernier souspir dans cette mine d'or: voyāt donc que le jeu estoit en rumeur, mes pere & mere courroucez de ce qu'il leur faloit payer le cheual, & mon amy blessé, ie fis vœu de ne plus aller à l'escole, ny chez mon pere, & de me tenir aupres de Dom Diego pour le seruir, ou pour mieux dire, pour luy faire compagnie, au grand contentement de ses pere & mere, car ils connoissent la grande amitié que leur fils me portoit. En l'execution de ce projet, ie manday chez nous que ie n'auois plus besoin d'aller à l'escole, car encore que ie ne sçeusse pas bien escrire, i'en sçauois pourtāt assez, pour la profession de Caualier, que ie me proposois d'imiter, où c'est vertu que de mal escrire, aussi bien que de mal payer; & partant, que ie renonçois à l'école pour leur épargner la despence; & à leur maison, de peur de les fascher. Ie leur donnay aduis du lieu où i'estois les asseurāt que ie ne les verrois iamais qu'ils ne m'en donnassent la permission.

Buscon se fait valet d'Ecolier, & raconte la penitence qu'on leur faisoit faire, où ils estoient en pension son maistre & luy, où l'auarice d'vn hoste est plainement descrite.

AV bout de quelque tēps Dom Alonso resolut de mettre sō fils chez vn Maistre és Arts en pension, & moy auec luy, afin de le retirer des mignardises paternelles, qui rendent les enfans niais & sots. On luy enseigna vn certain personnage, qui faisoit mestier de tenir & d'instruire des enfans de bonne maison, qui s'apelloit Ragot. Ce fut là que Dom Diego fut enuoyé, & moy quant & quant pour l'acompagner & le seruir. Le premier Dimanche d'apres Pasques, nous entrâmes sous l'empire de la viue Famine: en effet, la misere & la vilainie de cét homme-là, ne pouuoit estre mieux nómée. Voicy à peu pres sa forme: Il estoit fort large par les espaules, sa teste estoit faite en pain de sucre, ses cheueux roux auec ce poil là, n'y a plus rien à dire à ceux qui sçauent le prouerbe, qu'il ne faut prendre ny chien ny chat de telle couleur: il auoit les yeux si fort enfoncez dans la teste, & si tenebreux, que leur domicile eust esté fort propre à faire des boutiques de fripiers où l'on ne voit goute, pour mieux tromper le monde, le nez écaché comme si on luy eust doné vn coup de marteau dessus: sa barbe pâlissoit, non pas tant de vieillesse, que de peur qu'elle auoit d'estre si voisine de sa bouche famelique, qui la menaçoit à tout momét de l'engloutir, il n'auoit pas six dents en bouche, son gozier estoit long comme celuy d'vne autruche, les bras secs, les mains d'vn squelette, quand il se remuoit tant soit peu, tous ses os sonnoient comme des cliquettes de ladre, il ne coupoit iamais sa barbe, afin de ne rien perdre, & disoit qu'il auoit vn tel dégoust de voir les mains d'vn barbier sur son visage, qu'il se lairoit plutost oster la vie, que de permettre qu'elles y touchassent : il portoit vn bonnet tout percé de dents de rats, à cause de la graisse dont il estoit garny ce bonnet estoit d'vne estoffe qui fut autrefois drap, vne soutanne qui au dire de quelques-vns estoit miraculeuse, car on ne pouuoit iuger de quelle couleur elle estoit: les vns la voyant sans aucun poil, disoient qu'elle estoit de cuir de grenoüille, autres disoient que c'estoit vne illusiõ; de loin elle paroissoit noire, & de prés violette: il ne portoit ny ceinture, ny colet, ny manchettes: enfin ainsi fait, & ainsi habillé, on l'eust pris pour vn valet de pied de la mort; il n'y auoit ny rats, ny souris chez luy, il les sçauoit conjurer, de peur qu'ils ne rongeassent les quignõs de pain qu'il gardoit dans ses poches du soir au lendemain ; son lict estoit à terre, & dormoit tousiours sur vn costé pour moins vser ses draps; somme c'estoit vn Archi-vilain & vn Proto-miserable.

Nous voilà donc sous le gouuernement & la cõduitte de ce galant homme là: D'abord que nous fusmes chez luy, il nous donna chambre, & nous fit vn discours fort laconique, de peur de perdre le temps, car il étoit ménager de tout. Il nous dit ce que nous aurions à faire tous les iours, & cela dura iusques à l'heure du souper. Il gardoit vn ordre chez luy, que quand les maistres mangeoient, nous autres seruiteurs les seruiós à table, laquelle estoit fort petite, aussi n'y auoit il que cinq personnes, qui estoient des ieunes enfans de Noblesse des champs ses pensionnaires. La premiere chose à quoy ie pris garde, ce fut qu'il n'y auoit point là de chats, & desirant sçauoir pourquoy, ie m'adressay à vn vieux seruiteur de la maison, qui n'auoit que la peau & les os, qui me répondit à demy pleurant, & de qui auez vous apris que les chats fussent amis du iesune, & de l'austerité dont on vit ceans? on void bien à vos gistes que vous estes nouueau venu. Cette repartie là me mit vne cruelle affliction dans l'ame. Nostre bon Docteur de Maistre se mit à table, & ayant dit le *Benedicite*, ils firent vn disné éternel, quoy que fort succinct, car il n'y auoit ny commencement ny fin: on apporta des potages dans des petites escuelles de bois, qui estoit si clair, que si Narcisse eust esté là, il eust couru autant de danger de s'y noyer, comme à la fontaine. Ie remarquay auec quelle peine les maigres doigts des pensionnaires joüoiét de l'épinette pour attraper vne lentille qui se vouloit sauuer, tantost à la nage, & tantost en faisant le plongeon. A chaque gorgée de cette eau chaude que le Docteur aualoit, ie ne sçache rien, disoit-il, qui soit comparable à la marmite: qu'on die tout ce qu'on voudra, tout le reste n'est qu'excez & que gloutonnie; voila comment la santé se conserue, & comment l'esprit se maintient esueillé & se fait bon. Le malin esprit t'emporte, disois-ie entre mes dents: quand voicy venir vn seruiteur, qui estoit plustost esprit que corps, tant il estoit extenué qui aportoit vn plat de chair, qui s'embloit auoir esté leuée de dessus luy, & vn naueau par dessus, dressé tout debout comme vn bilboquet: Comment, dit alors le Maistre, il y a des naueaux, à mon goust ie trouue qu'il n'y a point de perdrix qui les vaille, mangez mangez, mes enfans, ie suis bien aise quand ie vous voy faire bonne chere. Disant cela, il leur partagea cette chair en si petits lopins, que ie croy qu'il leur en demeura autant entre les dêts & dans les ongles, comme dans le ventre. Ragot les regardoit, leur disant, courage, mangez, vous estes ieunes, ie prens plaisir à voir vostre appetit. Ie vous prie considerez

siderez vn peu la bonne cageolerie à des gens qui baailloient de famine.

Ils acheuerent de manger, & ne resta sur la table qu'vn peu de miettes, & quelques peaux, & des os dedás les plats; ce que voyant le maistre voilà, dit-il, pour nos seruiteurs, il faut qu'ils disnent aussi bien que les maistres. Ayant dit graces, sortós, dit-il, faisons leur place, vous autres, allez vous esgayer & faire exercice iusques à deux heures, de peur que la refection que vous auez prise ne se corrompe dans vostre estomach: que la male mort t'estoufe, dis-ie en moy-mesme; & lors me mettant à me mocquer & à rire de dépit, le Docteur me regarde en grád colere, & en me tançant, me dit que i'apprisse la modestie, adjoustant trois ou quatre vieilles sentéces sur le suiet. Ie ne laissay pas de me seoir à table auec les autres, & comme i'estois le

C

plus âgé & le plus fort, ie me mis à escrimer de l'espée à deux mains, auec tant de dexterité, qu'en trois ou quatre bouchées, i'aualay plus de la moitié de ce qui estoit resté de la table de nos maistres. Mes compagnons voyás cette diligence là, se mirent à grommeler, dequoy le maistre s'aperçeut, & s'aprochant, nous dit; viuez & mágez paisiblement, puis que Dieu vous a donné suffisamment dequoi le faire. Ie vous proteste qu'il y auoit entre noꝰ vn certain seruiteur Basque, qui auoit tellement oublié l'exercice de manger qu'il porta trois ou quatre fois à sa bouche, vn morceau de crouste qui luy estoit écheuë en partage, sans pouuoir addresser au trou. Ie demanday à boire, ce que ne firent pas les autres, parce qu'ils estoient encore à jeun; on me donna vne tasse pleine d'eau (pour le regard du vin il nous traittoit à la

Turque) & comme ie l'approchois de ma bouche, cet esprit visible que i'ay dit, me l'osta incontinant des mains. Ie me leuay de table tout affligé, & toutefois auec vne grande enuie de me vuider, combien que ie ne me fusse pas remply: ie demanday à vn ancien de la maison, où estoient les lieux secrets, & il me répondit qu'il n'en sçauoit rien: il n'y en a point ceans, me dit-il: mais pour vne fois peut estre que vous en auez besoin tandis que vous y serez, vous pourrez accommoder où bon vous séblera: Depuis deux mois que i'y suis, ie n'ay fait qu'vne fois cette affaire-là, encore estoit ce de ce que i'auois apporté dans le ventre du logis de mon pere, comme il vous peut estre arriué aujourd'huy.

Ie ne vous sçaurois representer l'ennuy qui me saisit le cœur, quand il me dit ces tristes paroles: en effet, voyant

C ij

que si peu de chose deuoit entrer dans mon corps, ie n'osay pas en rien faire sortir, combien que i'en eusse grande enuie. Comme i'estois en cette peine, Dō Diego me vint demander de quelle eloquence il se pourroit seruir, pour persuader à ses tripes qu'elles estoient fort bien rassasiées, parce qu'elles ne le vouloient pas croire. On se plaignoit en cette maison des coliques venteuses, cōme on le fait en quelques-vnes des cruditez, & de trop de repletion. L'heure du souper arriuée (car pour celle du gouster on n'en faisoit point de mention) nous soupasmes fort legerement, quasi cōme des cameleons, on nous donna vn peu de chair de vieille chevre rostie : il n'y a rien d'excellent pour la santé, disoit-il, comme de n'auoir pas l'estomach plein : il donnoit mille loüanges à la diette, & citoit en mesme temps des Aphorismes de Medecins d'enfer, difant qu'elle empefchoit de faire de mauuais fonges: Il eſt vray qu'on ne fongeoit iamais chez luy, finó que l'on mangeoit tant cette paſſion-là poſſedoit nos eſprits. Enfin chacun foupa fans fouper & puis on s'alla coucher. De toute la nuict, Dom Diego ny moy ne puſmes fermer l'œil, nous n'auions point de douces vapeurs d'aliment qui nous cauſaſſent le fommeil, fi bien qu'il ne fit toute la nuict que mediter vne lettre de complainte à fon pere, & vne humble priere de le retirer de cette famine, & moy i'y adjouſtois quelque periode de mon ſtille. Monſieur, luy difois-ie, me pourriez vous bien dire fi nous fommes viuans ou non, car ie tiens que nous fûmes tués à la bataille des herbieres, & que nous ne fommes plus que des ames dans le Purgatoire, Raillerie à part, eſcriuez dés aujourd'huy à vostre pere pour nous en deliurer. Parmy ces discours, le iour vint, six heures sonnerent, & le maistre nous appelle pour aller à la leçon : ie fus tout estonné en m'habillant, que mon pourpoint m'estoit pl⁹ grand vne autrefois que le iour precedent, la ceinture de mes chausses, & mes bas beaucoup plus larges que de coustume : ie m'allay figurer qu'on m'auoit changé mes houbilles, mais vn des valets m'aduertit, que c'estoiét des transformations qui arriuoient là ordinairement : qu'il y auoit veu amener de gros courtaux, qui deuenoient incontinent cheuaux legers qui pouuoient voler par l'air : comme aussi des mastins fort gras & pesans, qui estoient promptement conuertis en leuriers, & qu'vn iour il trouua plusieurs hommes qui mettoient, les vns les pieds, les autres les mains, les autres tout le corps entier, à l'entrée de la porte de cette maison, & que leur ayant demādé à quoy cela estoit bon; c'est, respondirent ils, que les vns de nous ont la galle, les autres des chancres, & les autres des écroüelles, & qu'en leur faisant seulement passer le seüil de la porte, tout cela mouroit de faim & ne mangeoient plus.

Or en attendant le remede que D. Diego & moy esperions receuoir de son pere, voyans que nous n'en trouuions point pour rembourrer le moule de nostre pourpoint, nous en inuentasmes vn, pour ne nous point leuer si matin; ce fut de feindre que nous estions malades, mais nous ne dismes pas que nous eussions la fiéure, car à nous taster le poux, on eust découuert nostre fourbe: de dire aussi que nous eussions mal aux dents, ou à la teste, on n'en eust fait que rire: nous resolû-

C iiij

mes donc de nous plaindre du mal de ventre, pour n'auoir esté à la garderobe depuis trois iours, croyant qu'il n'eust pas voulu employer vn liart à nous medicaméter: mais le Diable en ordonna autrement. Ragot auoit vne recette qu'il auoit heritée de son pere jadis Apotiquaire, & ayant sçeu nôtre indisposition, il composa vn certain clistere: puis faisant venir en sa maison vne vieille de 70. ans pour seruir d'infirmiere, luy mit vne seringue entre les mains pour nous en dóner chacun vne degaignée. Cette vieille, cóme ciuile & respectueuse, commença par Dom Diego, mais parce que les mains luy trembloient, à cause de sa caducité, & que le patient ne se pût tenir de remuër, quand il se sentit chatoüiller, elle luy vuida toute sa seringue du long de l'épine du dos iusques à la teste, le pauure Diego se mit à crier, comme si on l'eust tué. Nôtre maistre accourut à ce scandale, à qui la vieille dit qu'elle auoit bien mis le canon où il falloit; le malade le nioit: mais sans vouloir decider leur different, il ordonna à la vieille de me donner vn autre clistere, & puis qu'on reuiendroit à Diego. Moy qui faisois experience du dommage d'autruy, ie commençois à me vestir, & à dire que ie me portois bien: mais cela ne me seruoit de rien contre la force de Ragot, & de deux valets qui me tenoiét cependant que la vieille ajustoit sa fluste: mais elle n'eust pas plutost fait son coup, que ie lui rendis tout au nez, dequoi nôtre maistre se mit en colere, disât qu'il me mettroit hors du logis, & qu'il voyoit bien qu'il y auoit de la malice en mon fait, mais la fortune ne voulut pas que tant de bien m'arriuast. Nous nous plaignîmes de nouueau à Dó Alonso, mais

Ragot luy faisoit croire que nous n'vsions de toutes ces subtilitez-là, que pour ne rien apprendre, de sorte qu'il fut receu, & nous deboutez de defenses. Nous voilà donc condamnez à demeurer encore pour quelques iours en cette misere, & auec cette vieille, qui nous fit mille maux. Elle estoit si sourde qu'elle n'entendoit rien, il ne luy falloit parler que par signes; de plus elle ne voyoit quasi goute, elle alloit tousiours marmottant & patinant ses Patenostres; si bien, que faisant vn iour cet exercice-là auprés du feu, son chapelet se desfila dans la marmite, sans qu'elle s'en apperceust, & l'heure de disner estant venuë, elle nous dressa le plus deuot chaudeau, que iamais bigote auala: ces grains de chapelet nous furent seruis en guise de pois: l'vn des pésionnaires disoit, voila des pois qui portent le dueil, quel parent auoient-ils qui leur soit mort. Non, non, disoit l'autre, sans doute ce sont des pois qui viennent d'Ethiopie. Au surplus, elle prenoit tantost la poësle du feu, pour la cuilier du pot, ie trouuay mille fois des clauportes dans mon potage, des buchettes, des charbons, & de l'estoupe, qu'elle filoit sous la cheminée. Nous endurasmes tous ces peines-là iusques au Caresme; à l'entrée duquel, vn de nos compagnons pensionnaires tomba fort malade: nostre Maistre qui craignoit la despence, differa d'appeller le Medecin, iusques à ce que le malade demanda le Prestre: & lors il fit venir vn praticien de la Faculté, qui ayant manié le poulx du malade, La faim, dit-il, m'a osté le suiet d'estre accusé de sa mort, s'en est fait. En mesme temps il fut confessé: & quand on lui apporta le saint Sacrement, le pauure malade qui n'auoit pas quasi eu la force de parler en sa Confession, s'escria à haute voix: O mon Seigneur Iesus-Christ, il estoit necessaire que ie vous veisse entrer dans cette maison, pour ne pas croire que ie fusse en enfer. A ce dernier mot, il rendit l'esprit: nous l'enterrasmes fort pauurement, parce qu'il estoit estranger, & demeurasmes tous estonnez de cét accident.

Don Alonso en eut les nouuelles, & parce qu'il n'auoit point d'autre enfant que Dom Diego, il crut à la fin les cruautez de Ragot, & commença d'adiouster foy aux plaintes des deux ombres: car nous estions desia reduits en ce miserable estat. Enfin, il nº vint retirer de ce Royaume de famine, où nous estiós deuenus si maigres, qu'encore que nous fussions deuant luy, il crioit qu'on nous fist venir, tant nous estions mesconnoissables. Il ne s'en falut rien, qu'il n'assommast cét instituteur de vigiles perpetuelles: mais de peur de se mettre en peine, il se resolut à la patience, & enuoya querir vn carosse pour nous emmener, car nous estions si extenuez & foibles, que nous ne pouuions plus cheminer. Nous prismes congé de nos compagnons, qui nous suiuoient auec les desirs & auec les yeux, faisant les mesmes regrets que ceux qui demeureréten Alger, quand ils virent racheter leurs compagnons.

―――――――

Buscon & son Maistre, rachetez des mains de la famine, sont enuoyez pour étudier à Alcala. La rencontre facecieuse qu'ils firent au premier giste.

NOVS voilà donc arriuez dans la maison de Don Alonso, l'on nous met aussi-tost

chacun dans vn lict, mais le plus doucement qu'on pût, de peur que nos os
ne se déboitassent, tant nous estions
secs & rongez de famine: on fit venir
des oculistes, pour nous chercher les
yeux; car ils estoient si fort enfoncez
dans nostre teste, qu'il falut quasi vser
d'vn tire-boure d'arquebuse pour les
r'auoir: pour moy, à cause que i'auois
eu plus de mal que Diego, & que ma
faim auoit esté plus grande, pour a-
uoir esté traité en valet, on fut long-
temps sans me les pouuoir trouuer.
On appella des Medecins qui ordonnerent d'abord qu'on nous ostast la
poudre des levres, auec des queuës de
renard, cóme on fait sur les tableaux
(en effect, il n'y auoit guere de dif-
ference de nous à des figures de pla-
te peinture) & puis qu'on nous donnast force bons boüillons & consom-
mez: O qui pourroit raconter le con-

tentement, que nos boyaux receurent au premier mets d'orge mondé qu'on nous donna: Les Medecins commanderent que personne n'eust à parler haut neuf iours durant dedans nostre chambre, parce que, comme nos estomachs estoient pleins de concauitez, la moindre parole qu'on proferoit y faisoit vn Echo, qui répondoit beaucoup de fois plus que celuy d'Ouide.

Auec toutes ces obseruations nous commençasmes à nous restablir en nostre premier estre, & à recouurer la vigueur, & dans quatre iours apres, à nous tenir à nostre seant dans nostre lict; mais toutefois nous ne ressemblions encore qu'à des ombres des autres hommes: Nous estions si décharnez, & si iaunes, qu'on nous eust pris pour des greffes d'Hermite, nous ne faisions tout le iour que rendre graces à Dieu, de ce qu'il luy auoit plu de nous racheter de la captiuité du barbare Ragot, & le prier d'empescher tout Chrestien, de tomber en ses mains. Si en mangeant, nous nous souuenions par hazard de la table de ce miserable Gouuerneur de ieunesse, l'appetit nous augmétoit tellement, que nous en doublions la dépence. Nous entretenions Don Alonso des propos de Ragot, nous luy contions comme à nostre entrée de table il médisoit effrontément de la gourmandise, sans l'auoir iamais connuë, comme il adioustoit, & comprenoit au commandement de ne point tuer les coqs d'Inde, chapons, perdrix, & toute autre sorte de volaille, qu'il ne vouloit pas que nous mangeassions : mesme il y mettoit aussi la faim ; car il sembloit qu'il fist vn cas de conscience de la tuer.

Trois mois se passerent ainsi dans la

maison d'Alonso, mais enfin il faut changer de vie. Le desir qu'il auoit de donner la connoissance des lettres à son fils, luy fit prendre deliberation de l'enuoyer à Alcala, pour continuer ce qu'il auoit desia commencé en la Grammaire. Il me demanda si ie voulois aller auec lui: moy qui ne souhaittois autre chose, que de sortir du païs où le nom de ce maudit persecuteur d'estomachs estoit connu, ie m'offris de bon cœur à continuer le seruice que i'auois commencé de rendre à son fils. Là dessus, il luy donna vn homme pour mesnager l'argent de la despence qu'il auoit ordonnée pour l'entretien de Diego, & le chargea de lettres de change. On nous dressa nostre équipage, on fit des pacquets de nos hardes, & nous mit-on dans vn coche: Nous partismes sur le soir, vne heure auant soleil couchant, afin d'al-

D

ler au frais, & arriuasmes à minuit à l'hostellerie de Viueros, qui sera eternellement maudite: L'hostelier estoit Morisque, & larron quant & quant: on appelle Morisque ceux d'entre les Mores qui se sont conuertis à la foy Catholique, que l'on soupçóne pourtant de tenir tousiours du Iudaïsme, & ie vous puis asseurer qu'en ma vie ie n'auois iamais ouy parler d'vn tel monstre; car en la personne de cet homme-là, ie vis vn chien & vn chat tout ensemble, & qui viuoient en paix. Il nous fit vne fort ioyeuse reception selon la coustume de telles gens, & comme nous fusmes prests à descendre du coche, il vint à mon maistre, parce qu'il estoit le mieux habillé, & luy donna la main pour l'aider à sortir, & s'adressant à moy, il me demanda s'il alloit estudier; ie luy respondis qu'ouy; il nous mit aussi-tost dans vne chambre, où estoient deux ruffiens qui ne viuoient que de la prostitution de certaines drolesses, qui estoient aussi là auec eux. Dans cette compagnie là estoit vn Curé de village qui disoit son office au son de leurs beaux deuis, vn vieux Marchand auaricieux, qui taschoit d'oublier à souper, & deux fripons d'Escoliers, qui cherchoient des inuentiós pour écornifler. Mon Maistre, comme le dernier venu en l'hostellerie, & ieune qu'il estoit ; Monsieur de ceans, dit-il, donnez moy ce que vous aurez, pour moy & pour deux seruiteurs que i'ay. Nous sómes tous de vostre Seigneurie, dirent en mesme temps les deux Filoux, & nous vous en témoignerons les effets. Hola Monsieur de ceans, traitez bien Monsieur, vous n'y perdrez rien, ouurez librement le gardemanger. Disant cela, en voicy

D ij

vn qui s'approche de luy, nud teste, & luy oste le manteau: ça Monsieur, dit-il, il se faut reposer. Tandis qu'on luy faisoit ces honneurs là, dequoi i'estois fort émerueillé, vne des Nymphes me vint accoster; ô la bonne mine de Gentil-homme que voilà, me dit-elle, va t'il estudier? estes-vous à luy? ouy, luy répondis ie, & cet homme-là aussi; en luy monstrant nostre argentier. Comment s'appelle vostre Maistre? Dom Diego, luy dis-ie, fils de Don Alonso, Coronel. A peine le sçeut elle, qu'aussi-tost vn des Filoux s'approche de luy, comme pleurant à demy, & en l'embrasfãt étroitement; ô Monsieur Dom Diego, dit-il, hé qui m'eust dit, il y a dix ans, que ie vous deusse voir en l'estat que vous estes? ha mal-heureux que ie suis! ie dois estre bien changé, puisque vous ne me reconnoissez plus. Il demeura fort eſtonné, & moy auſſi, car nous iuraſmes tous deux, de ne l'auoir iamais veu en noſtre vie. L'autre Filoux tournoit autour de Dom Diego, & l'alloit regardant au viſage, & dit à ſon amy, en faiſant vn ſigne de croix: Eſt-ce là ce Gentil-homme, du pere duquel vous m'auez-loüé le merite, certes nous ſommes bien fortunez d'auoir fait cette heureuſe rencontre, & de le reconnoiſtre : qu'il eſt deſia grand, Dieu le vueille cóſeruer. Cette façon de parler nous rendoit encore plus confus : car on euſt creu à les ouyr qu'ils euſſent eſté nourris & eſleuez auec nous. Dom Diego luy fit pluſieurs compliments, & comme il luy demandoit ſon nom, l'hoſte entra dás la chambre pour mettre la nape, & ayant eſuenté la matoiſerie; Remettons, dit-il, les courtoiſies & les enqueſtes à vne autrefois, parlons de souper, car la viande se morfond, & puis vous vous entretiendrez à loisir.

Comme il disoit cela, vn de ces escoliers commence à ranger des sieges autour de la table, & mit vne chaire au haut bout pour Dom Diego, & l'autre apporta vn plat; là Monsieur, dit-il à mon Maistre, mettez-vous à table, car en attendant qu'on appreste nostre souper, nous vous seruirons. Iesus, Messieurs, dit Dom Diego, vous prendrez place s'il vous plaist, & nous souperons ensemble; à cet heure, Mr. à cet heure, répondirent les Filoux à qui il ne parloit pas, la table n'est pas encore couuerte. Et moy, voyant les conuiez, & les autres qui se conuioient eux-mesmes, ie commençay à me fascher, & à craindre ce qui arriua. Voila donc les Filoux & les Escoliers atablez, lesquels regardant mon maistre, Il n'est pas raison, ñable, dirent-ils, qu'en la presence d'vn tel caualier, que ces Dames là demeurent sans manger? Commandez, Monsieur, qu'elles honorent la compagnie. Luy faisant du galant, & du courtois, les pria de se mettre à table: à quoy elles acquiescerent fort promptement, & lors Dieu sçait comme il fut escrimé des maschoires d'asnes dans cette belle troupe de conuiez. En vn instant ils eurent englouty vn grand potage de choux qui estoit là: & ne firent que quatre bouchées chacun d'vn pain de six liures: & lors ie fis experience, qu'vn Espagnol n'est pas sobre, quand il disne aux dépens d'autruy. Apres cela, ils se ietterent sur vn demy chévreau rosty, & deux gros morceaux de salé. Et comme ils commençoient à estre souls, ils aperceurent Mósieur le Curé qui les mangeoit auec les yeux; & les Escoliers en se retournant ; Comment, Monsieur, vostre reuerence est-elle là ? (car on parle ainsi aux Prestres en Espagne) approchez hardiment, la largesse & liberalité de Monsieur, se peut bien encore estendre iusques à vous. A peine eurent-ils acheué ce mot, que le voilà assis à table: Nostre argentier qui voyoit que toute cette despense se prendroit sur sa bource, se grattoit où il ne se demangeoit pas, comme ie faisois aussi. On apporta encore sur la table, vne couple d'aloyaux & deux pigeons, ils en donnét la moitié d'vn à Dom Diego, & puis les Filoux, les Nimphes, les Escoliers & le Curé deuorerent incontinent tout le reste. Les Filoux luy disoient, Monsieur, il ne faut guere manger, de peur que l'estomach ne vous fasse mal: vous dites vray, luy respond vn de ces diables d'Escoliers ; Dauantage, il faut que ceux qui vont à Alcala, s'accoustument à la sobrieté. Pluſt à Dieu, diſie alors à mon compagnon, en les maudiſſant, qu'ils vouluſſent pratiquer ce qu'ils preſchent, afin qu'il nous reſtaſt quelque choſe. Quand ils eurent tout mangé, & que le Curé eut reuiſité & rongé pour la ſeconde fois les os que les autres auoient laiſſez, vn de ces Filoux ſe retournant, ô malheureux que nous ſommes, s'écriat'il, nous n'auons rien laiſſé pour les ſeruiteurs! venez mes enfans, dit-il, en nous regardant l'argentier & moy, tenez Monſieur de ceans, voila vne piſtole, donnez leur tout ce que vous auez. En meſme temps, ce maudit pretendu parent de mon maiſtre accourut ſoudainement, & luy dit, vous me pardonnerez, mon Caualier, ſi ie vous reproche de ne pas bien entendre voſtre monde, vous ne connoiſſez pas bien mon cousin, vous luy faites tort, il a assez de moyen de faire traiter ses gens, & les nostres si nous en auions, resserrez, resserrez seulement vostre argent. Quand ie vis ceste mauuaise subtilité, ie pensay enrager tout vif. On leua la nape, & lors ils prirent tous congé de Dom Diego, disant qu'il le faloit laisser reposer : il voulut payer le souper, mais ils luy repartirent, qu'il seroit assez à temps le lendemain.

Comme chacun de ceste venerable compagnie se retiroit en soy apertement, vn de ces fripons d'Ecoliers vid ce Marchand qui dormoit, & dit aux Filoux, voulez vous bien rire? faisons quelque malice à ce vieillard, qui n'a mágé qu'vne poire en tout le chemin, c'est vn vilain auaricieux qui est fort riche: vostre pensée est bonne, répondirent les Filoux, faites, faites, il merite bien quelque niche. L'Ecolier s'aproche donc du Marchand, & luy tira doucement vne valife qu'il auoit fous les pieds; l'ayant ouuerte, il en fortit vne boîte pleine de morceaux de pafte de fucre, il vuida toute la boîte, & la remplit de pierres, de baftons, & de tout ce qu'il trouua, puis il auala fes chauffes, & vuida fon ventre dans la boîte, & mit par deffus enuiron vne douzaine de ces pierres, luifantes comme fucre, qui fe trouuent parmy le plaftre, cela fait, il ferma la boëtte : Ce n'eft pas tout, dit-il, il a vne bouteille, il faut voir ce qu'elle a dans le ventre, en mefme temps il l'emboucha, & en auala prefque tout le vin, puis il la remplit de toupillons de bourre qu'il tira d'vn couffin de noftre coche, & la reboucha comme elle eftoit auparauant, & referma la valife : & non contant de cette malice, il mit encore vne groſſe pierre dans le capuchon du Caban, auquel le Marchand eſtoit enuelopé. Apres cela, chacun s'en alla coucher pour enuiron vne heure & demie qui reſtoit de là, iuſques au iour. L'heure de ſe leuer eſtant venuë, tout le monde s'éueilla, fors le vieillard qui dormoit encore; on l'appelle, mais en ſe voulant leuer, il ne pût tirer ſon capuchó apres luy : il regarda à quoy il tenoit, & là deſſus l'hoſte s'approche, qui ſçauoit la raillerie, & feignant d'eſtre en colere : Comment bon homme, luy dit-il, n'auez-vous rien trouué ceans plus propre à dérober que cette pierre-là? voyez Meſſieurs, s'il ne l'emportoit pas ſi ie ne l'euſſe découuert. I'aymerois mieux auoir perdu cinquante piſtoles, car elle eſt excellente contte la colique : Cependant le pauure homme iuroit & ſe donnoit à tous les Diables qu'il ne l'auoit point mise dans son capuchon.

Comme il fust question de partir, les Filoux firent compte de la despence, qui monta à quinze liures qu'il nous falut payer contant & sans dispute, de peur d'émouuoir vn plus grand danger auec telles gens : Chacun mangea vn morceau auant que de déloger ; & le vieillard prit sa valise sous son caban, & se mit en vn coin obscur où il l'ouurit pour tirer quelque conserue de sa boëtte, & en manger auant que de commencer chemin, mais au lieu de trouuer ce qu'il pensoit, il prit vne pierre qu'il mit à sa bouche, & mordant à mesme se pensa rompre le reste des dents qu'il auoit : à l'instant, il se mit à cracher, & à faire des grimaces, de la douleur & puanteur qu'il sentoit en sa bouche, nous accourusmes tous à luy pour le secourir. Mōsieur le Curé luy demanda ce qu'il auoit, mais au lieu de répondre, il detestoit, & proferoit mille maledictions : vn des Escoliers feignant de croire qu'il fût Demoniaque, demandoit de l'eau beniste: il crioit à pleine teste, *vade satanas*, mais il declara à l'instant sa desconuenuë, & pria instammént qu'on luy laissast seulemét lauer la bouche auec vn peu de vin qu'il auoit dans vne bouteille. On fit ce qu'il desiroit ; il prit sa bouteille, & voulant verser vn peu de vin dans vn verre, il trouua que son breuuage estoit deuenu sauuage, son vin estoit si barbu & si velu, qu'il ne se pouuoit boire, ny passer, ny couler. Ce fut là que le vieillard se pensa desesperer : mais voyant les esclats de rire de la compagnie, il fut contraint de prendre patience, & entrer sans dire mot dans le chariot où il estoit venu auec les Filoux, les Escoliers, & les filles de ioye: Nous entrasmes dans nostre coche, & arriuasmes à la ville d'Alcala, qu'il n'estoit encore que neuf heures du matin, & allasmes descendre à vne hostellerie, où nous passasmes tout le reste du iour à conter à quoy nous auions pû faire vne si grande despence, mais il nous fut impossible d'en venir à bout.

―――――――――――――――

Ils arriuent en Alcala: La bien-venuë payée par Don Diego aux Escoliers: & le ridicule traittement qu'ils firent à Buscon.

Avant qu'il fust nuict, nous sortismes de l'hostellerie & allasmes à la maison qu'on nous auoit loüée, qui estoit hors la porte Sainct Iacques, & la demeure de plusieurs Escoliers. Nostre hoste estoit de ceux qui ne croyoient en Iesus Christ que par courtoisie; c'estoit vn Morisque, on appelle ainsi ceux d'entre les Maures, qui se sont conuertis à la Foy Catholique, qu'on soupçonne de tenir tousiours du Iudaïsme.

Cet hoste-là nous receut auec vn visage fort rebarbatif: ie ne sçay s'il le fit, afin que de bonne heure nous nous accoustumassions à luy porter respect, ou si c'estoit le naturel de cette nation-là, car il n'est pas mal conuenable, que ceux qui ont vne mauuaise loy, ayent aussi de mauuaises complexions. Nous logeasmes nos hardes, on fit nos licts, & nous dormismes cette nuit là mieux que nous n'auions fait l'autre: Le matin venu, voicy entrer dás nostre chambre tous les Escoliers pensionnaires de cette maison, qui vinrent demander la bien-venuë à mon Maistre. Luy qui
ne sçauoit

ne sçauoit que c'estoit, me demanda
ce qu'ils vouloient dire; & moy qui
estois aussi ignorant que luy, craignât
ce qui pouuoit aduenir, sans dire mot
ie me cachay entredeux mattelats,
sans montrer que la moitié de la teste,
& le bout des pieds comme vne tor-
tuë. En fin les compagnons s'expli-
querent, & dirent que cela signifioit
qu'il leur faloit donner vne pistole.
Don Diego la leur fit incôtinent donner par son argentier, pour sortir vistement de la frayeur où il estoit : &
lors ils se mirent à faire vne musique
de Diables, & à crier, *Viuat, viuat,*
bien venu soit le nouueau côpagnon,
qu'il soit receu en nostre amitié, qu'il
iöuïsse des prerogatiues des anciens,
que sa peau soit brodée de galle, ses
habillemens de taches, & son ventre
de bon appetit aussi bien que nous.
Cela dit, ils descendirent le degré

E

comme en volant, & nous laisserent en repos. Voyez ie vous prie les beaux priuileges dont ils nous gratifioient. En mesme temps nous nous habillasmes, & prismes le chemin du College. Les Regents vinrent incontinent receuoir & embrasser Don Diego, parce qu'ils estoient fort connus de son pere : ils le menerent dans leur chambre, où ils luy firent tous les honneurs & caresses qu'ils peurent. Cependant ie demeuray seul à l'entrée des degrés, car il ne m'appartenoit pas tant de courtoisie qu'à mon maistre : voyant cela, i'entray dedans vne grande court, où il y auoit vne grosse trouppe d'escoliers, qui ne m'auoient pas quasi apperçeu, quand ils commencerent à me deuorer auec les yeux, à me rire au nez, & à bourdonner entr'eux vn certain murmure sourd, duquel ie discernay ces paroles : A ce nouueau venu : alors, pour faire le bon compagnon, & feindre que ie n'apprehendois ny ne m'estonnois de rien, ie me mis à rire aussi bien qu'eux; mais à la fin ie ne me pûs tenir de rougir; en mesme instant, vn des plus insolents & effrontez de la compagnie, & qui estoit auprés de moy, se porta la main au nez, & en se retirant, Ie croy, dit-il, que c'est icy vn Lazare qui ressuscite, car il pût cruellement: A cette parole, tous les autres l'imiterent, ils se boucherent le nez, & s'éloignerent. Moy qui essayois tousjours à passer pour déniaisé, ie fis aussi comme eux, en disant : Ma foy, Messieurs, vous auez raison, ô comme il put! Aussi tost ils se mettent à rire, & s'amassent incontinent plus d'vn cent autour de moy; les voila à renifler, à tousser, à ouurir & fermer la bouche, d'où ie reconnus qu'ils se preparoient

E ij

à me faire vn salué de crachats : alors vn d'entr'eux, qui sembloit estre des plus catharreux, arracha vn gros flegme de son poulmon, & en disant: voilà tout de bon, il me le voulut appliquer & estendre sur le visage, comme le crapaut de l'Enfant ingrat, mais en esquiuant, il demeura si fort attaché & colé sur mon pourpoint, que ie ne le pouuois effacer.

La colere commença aussi-tost à me monter à la teste : Ie me donne au Diable, luy dis-je, ie te : ie l'allois menacer de le tuer, mais la batterie & la pluye de crachats qui m'acabla, fut si furieuse, que le reste de la menace me demeura dans la bouche, car il me falut couurir le visage de mon manteau & demeurer là, comme le blanc & la butte de leurs crachats, dont ie fus si remply qu'il sembloit qu'il eust neigé sur moy.

Ce ne fut pas encore tout, vn des plus frippons de la trouppe, voyant que i'auois le visage en sauueté, s'approche de moy, & feignant d'estre en colere contre les autres: Tout-beau, Messieurs, tout-beau, dit-il, c'est assez: contentez-vous, il ne le faut pas tuer.

Quand i'entendis ces paroles, & sentant comme ils me traittoient, ie creus qu'ils l'alloient faire, ce qui fut cause que ie me déuelopay de mon manteau, & me descouuris le visage, en mesme temps le vilain me plante vn gros crachat entre les deux yeux, & lors tous ses complices firent vn éclat de rire, qui me pensa estourdir: me voyant accoustré de cette façon, & considerant l'ordure qu'ils auoient sortie de leurs estomachs, ie creus qu'ils ne se purgeoient iamais de telles saletez, que quand il arriuoit des

E iij

nouueaux venus comme moy, & par ainsi espargnoient l'argent qu'on donne aux Medecins & aux Apotiquaires pour ce sujet. Pour faire la bonne mesure, ils auoient encore enuie de me donner des testonnades sur la teste, mais il n'y auoit pas d'apparence qu'ils le peussent faire, sans s'emplir les mains des flegmes dont ils m'auoient couuert depuis le sommet de la teste, iusques à la plante du pied; ce fut pourquoy ils me firent grace, & me laisserent aller en ce bel estat. Ie me retiray le plus viste que ie pus en nostre logis, & la bonne fortune voulut pour moy, qu'il estoit encore assez matin, car ie ne rencontray personne par le chemin que deux ou trois valets du College, lesquels estoient de tres-bons enfans, pource qu'ils ne me ietterent en passant que trois ou quatre grandes poignées de chaux esteinte, qui par mal-heur se trouua là pour m'acheuer de peindre.

Ainsi bien paré, i'entray dans nostre logis, le Morisque me voyant en cet estat, se mit à rire, & à faire comme s'il eust voulu cracher du mal de cœur que ie luy faisois; & moy qui creus qu'il voulust remplir quelque place qu'il voyoit peut-estre vuide sur moy, afin de rendre l'ouurage plus accomply, ie luy dis incontinent, Monsieur, ie vous prie de prendre garde à ce que vous ferez, car ie ne suis pas vn *Ecce homo*: ie disois cela à cause de sa nation, mais pleust à Dieu que i'eusse esté muet à cette heure-là, car il me donna vne couple de coups si furieux sur les espaules, auec le manche d'vn ballet qu'il tenoit, qu'il me pensa faire tomber à la renuerse; & de fait, ie cheus iustement le nez deuant. Auec cette belle consolation, & à demy vangé qu'il fut, ie montay en nostre chambre où il me falut vne bonne demie heure à regarder par où ie prendrois mes habillemens pour me dépoüiller. A la fin i'en vins à bout, ie les pendis à l'air sur vne terrasse, puis ie me mis au lict où ie m'endormis sans dire mot. Là dessus, mon Maistre arriua, & comme il me trouua dormant, sans sçauoir la honteuse & vilaine auenture qui m'estoit aduenuë, il se mit fort en colere, & me tirant par les cheueux, comme font les chaircuitiers la soye des porceaux, quand ils les tuent, il m'en arracha tant, qu'en deux coups de pleus, ie me fusse éueillé aussi chauue qu'vn crâne de squelette. Ie me leue en criant, & me pleignant : & Diego augmentant son courroux; Comment, dit-il, est-cela comme il faut seruir ? sçauez-vous bien qu'il y a? changeons de stile: car nous sommes maintenant en vne autre vie. Quand ie l'entendis parler de l'autre vie, ie pensois desia estre mort: Et quoy, Monsieur, luy dis-ie en pleurant, est-ce là comme vous m'assistez dans mes afflictions? ouurez vn peu cette porte, & regardez mes habillemens cóme ils sót faits, ils ont aujourd'huy seruy de mouchoirs & de bassins à cracher aux plus vilains nez, & aux plus sales gorges qui furent iamais en la Synagogue de la Sepmaine sainte. Diego me voyant pleurer, & ouurant la porte pour regarder mes habits, eut compassion de ma disgrace. Buscon, me dit-il, en r'entrant, il faut prendre patience, contre fortune bon cœur, mon amy, il te faut efforcer de toy-mesme, tu n'as icy ny pere ny mere. Ie luy fis recit de tout ce qui m'estoit aduenu, & pour estre plus commodément assisté, il me fit porter dans vne autre chambrée, où couchoient quatre seruiteurs des hostes du logis. Ie me couchay, & m'endormis comme auparauant, & par ainsi, après auoir soupé, ie me trouuay la nuict suiuante aussi sain & gaillard, que s'il ne me fust rien arriué: Mais quand le mal-heur s'attache à quelqu'vn, il semble qu'il ne s'é doiue iamais separer; les disgraces sont enchaisnées ensemble, les vnes attirent les autres.

La nuit venuë, les seruiteurs qui auoient leurs licts dans la chambre où Diego m'auoit fait mettre, s'en vinrent coucher: ils me dónerent le bonsoir, & me demanderent si ie me trouuois mal? ie leur fis vne succincte relation de mes aduentures, dequoy ils firent mille signes de la croix, tesmoignans d'en estre fort estónez, & comme s'il n'y euſt eu aucune malice en eux ; hé quoy, dirent-ils, il n'y a point de Demons ſi meſchans! comment? cela peut-il arriuer entre des Chreſtiens? Le Recteur a grand tort, diſoit vn autre, de ne point eſtablir vn meilleur ordre dans le College, il s'y fait touſiours quelques nouuelles inſolences ; connoiſtriez-vous bien ces Lutins-là, qui vous ont ſi mal traitté? ie leur répondis, que non, & les remerciay fort courtoiſement de la bonne volonté qu'ils me portoient. Durant toutes ces honneſtetez, ils ſe deshabillerent, tuerent la chandelle, & ſe coucherent. Nous voila tous dans vn fort grand ſilence : & moy, penſant eſtre couché auec mes propres freres, ie m'abandonnay au ſommeil. Il eſtoit enuiron minuit quand ie m'éueillay en ſurſaut, aux cris d'vn de la compagnie : Au meurtre, au meurtre, disoit-il aux voleurs : & comme il disoit cela, on oyoit de grands coups de foüet dans son lit : aussi-tost ie me leue en mon seant; qu'est ce qu'il y a là? dis-je, mais à peine eus-je parlé quand ie me sentis faire sept ou huict ceintures autour du corps tout d'vn coup, auec vn foüet, d'autant de cordes que de ceintures : A ce réueil-matin, ie commençay à me leuer, à tenir ma partie & faire vn *duo* à la complainte de celuy qui m'auoit éueillé, qui crioit aussi tant qu'il pouuoit, combien qu'il n'y eust que moy qui sentist la flagellation. Ie crie au secours, i'appelle la Iustice, mais personne ne vint, le plus prompt remede que ie trouuay, ce fut de me fourrer sous vn lit, car on m'auoit arraché la couuerture & les draps, sous lesquels ie me pensois mettre à l'abry. En mesme temps, les trois autres se mirent à crier; moy qui escoutois les coups de foüet qui continuoient; sans plus diremot, ie pensay que c'estoit quelqu'vn de dehors la chambre, qui nous estoit venu donner cette agreable aubade. Cependant, celuy qui auoit crié le premier, se mit dedans mon lict, où il fit ce qu'ó fait dans vne garderobe quád on a vn cours de ventre, puis il le recouurit: & s'estant remis dedans son lict, la fustigation cessa, & tous quatre se leuerent, en disant, voilà vne méchanceté incomparable, cela ne se passera pas ainsi, il faut sçauoir qui est entré dans nostre chambre: & firent semblát de fermer la porte, comme s'ils l'eussent trouuée ouuerte. Tádis, i'estois tousiours sous ce lict, grelotant cóme vn chien pris entre-deux portes, & voyant que tout estoit appaisé, ie sortis de là dessous, & leur demanday si on leur auoit fait mal : Le

Diable s'en pende, dirent-ils tous, nous sommes estropiez & écorchez. Ie retrouuay mon lit par hazard, où ie me iettay vistement, & m'endormis incontinent, sans rencótrer l'endroit qui estoit sale; mais mon somme ne fut pas si exempt d'inquietudes, que ie ne me tournasse souuent de costé & d'autre, si bien qu'en m'éueillant, ie me trouuay tout emmiellé d'vne matiere fort infecte.

Le iour venu, chacun se leue, & moy, pour demeurer au lict, & déguiser mon incommodité, ie pris pour pretexte, les coups de foüet que i'auois receus, qui me faisoient mal. I'estois si plein de cette ordure, qu'vn gadoüart n'eust pas eu assez bon cœur pour me tirer delà : & ce qui me mettoit encore en peine parmy ce déplaisir, c'estoit que ie ne sçauois comme cela estoit aduenu, si ce n'estoit que le froid & la frayeur que i'auois eus, ne m'eussent causé ce déuoyement. Ie me trouuois innocent & coupable, sans me pouuoir valablement excuser. Les compagnons estans habillez, s'aprochent de moy en se plaignant tous, les vns d'vne façon, les autres de l'autre: & auec vne extresme dissimulation, me demandoient comment ie me trouuois: fort mal, leur respondis-je, car ie pense auoir esté moy seul, plus estrillé que vous n'auez esté tous ensemble: helas! ie ne pensois pas dire vray. Ie leur demanday qui nous auoit fait cette injure là? l'auois quasi mis la main dessus, me respond vn, mais il m'a eschappé, ie le descouuriray pourtant, quand ie deurois aller au deuin, donnons nous patience, mais voyons vn peu si vous estes si mal que vous en faites le semblant, pour le moins auez vous bien crié. Di-

sant cela, ils se mettent à me vouloir découurir, & me faire l'affront entier, surquoy mon Maistre arriua : Est-il possible Buscon, me dit il, que vous ayez si peu de soin de vostre deuoir; il est tantost huict heures, & vous estes encore au lict, leue toy, leue toy, n'as-tu point de honte. Les autres pour me faire plaisir, firent le recit à Don Diego de ce qui s'estoit passé, & le prierent de me laisser vn peu reposer : & si vous ne nous croyez, dit l'vn, leuez la couuerture & voyez comme il est accoustré: Disant cela, il se met luy-mesme en deuoir de me découurir, mais ie la tenois auec les mains & les déts, de toute la force qu'il m'estoit possible, pour ne point monstrer le caca: & quand ils veirent qu'ils n'en pouuoient venir à bout par ce moyen là, mais ne sentez-vous rien, dit l'vn des compagnons, pour moy ie trouue
qu'il

qu'il pût bien fort dans cette chambre. Don Diego dit qu'il sentoit fort mauuais, & disoit vray: là dessus tous les autres se mirent à chercher s'il n'y auoit point quelque chaire percée, remplie de quelque vieux clistere: cela seroit fort propre pour vn Escolier en medecine, dit vn des fripons. En fin ne trouuans rien, ils visiterent les licts, & mesmes les renuerserent pour voir s'il n'y auoit rien dessous: sans doute, dit vn autre, il faut que la puanteur soit sous celuy de Buscon; portons-le dans vn autre, & voyons dessous: moy, qui vis le peu de remede qu'il y auoit de se sauuer de la malice de ces diables-là, ie feignois qu'il me prenoit vn mal de cœur, ie clignotois les yeux, ie faisois des hoquets & des grimaces: & eux qui connoissoient le mystere, s'approcherent pour me tenir la teste, cependant que D. Diego

F

me serroit le doigt du cœur. En fin, entre eux cinq, ils m'enleuerent de mon lict, & en découurant les draps, ils penserent estouffer de rire, voyant les grãds plafonds dorez qui y estoiét: heias! le pauure garçon, disoient-ils, pensez que cela luy a lasché quand le mal de cœur luy est venu: & moy tout confus de honte, ie contre-faisois l'éuanoüy: tirez luy bien fort le doigt, disoient-ils, & mon Maistre, pensant bien m'aleger, me le tira si fort, qu'il me le démit. Apres tous ces diuers tourmens, ils me laisserent là. Ie pleurois de fascherie, & de honte tout ensemble, & ils me disoient en se moquant de moy, & feignant d'en auoir pitié; cela ne sera rien, vn sceau d'eau en fera la raison; il vaut mieux songer à vostre santé, qu'à vostre saleté. Ainsi ie fus mis au lict, & ils s'en allerent: Quand ie me vis seul, ie me mis à con-

siderer la rigueur de ma destinée, &
comme i'auois eu plus de mal en vn
iour en Alcala, qu'en tout ce qui m'e-
stoit arriué en la maison de mon hoste
susdit. Ie fis ce qui me fut possible,
tant pour nettoyer ma personne, que
mes habillements; & sur l'apresdis-
née ie me leuay, & m'en allay trouuer
mon Maistre. Et en passant par vne
gallerie, les autres seruiteurs du College m'aperçeurent, & apres auoir
bien ry, ils me conterent la fourbe &
la malice qu'on m'auoit faite; ce qui
renouuella & redoubla mon dépit &
ma honte. Ainsi ie fus déniaisé, & delà en auant nous fusmes tous les autres valets & moy, les meilleurs amis
du monde, & nulle meschanceté ne
me fut faite depuis.

F ij

*Des premiers tours de friponnerie de Buſ-
con, & de la plaiſante frayeur qu'il
fit à la femme de ſon hoſte, & d'vne
autre drolerie ſignalée.*

HAz como vieres, dit le prouerbe Eſpagnol, fais comme tu verras à propos : inſtruit de cette belle ſentence, ie me reſolus de changer de vie, de hurler auec les loups, d'eſtre fripon auec les fripons, & meſme de l'eſtre plus qu'eux ſi ie pouuois ; ie ne ſçay pas ſi i'executay bié mon projet, mais ie vous aſſeure que ie fis toutes les diligences qui me furent poſſibles. En premier lieu i'impoſay la peine de la vie, ou pour mieux dire de la mort, à tous les cochons qui entreroient dans la maiſon ; comme auſſi à tous les poulets de la maiſtreſſe qui viendroient dans ma chambre : Ma ſentence ne fut pas pluſtoſt prononcée, qu'il monta deux cochons de laict ſur nos degrez, les plus gentils que ie vis iamais: ie me ioüois alors auec les autres ſeruiteurs, & comme ie les oüis, ie dis à vn de la troupe, va t'en vn peu voir qui c'eſt qui nous vient grógner chez nous: il obeït à l'inſtant, & me vint dire, que c'eſtoient deux petits enfans de truye: ne les chaſſe pas, garde t'en bien, ouurons leur la porte, ils ſont les bien-venus; ie ſors habilement de la chambre, & les fais entrer: en meſme inſtant ie me ſaiſis d'eux, & les punis rigoureuſément de la hardieſſe qu'ils auoient euë de nous venir gronder chez nous: quand la nuict fut venuë, nous les miſmes à la broche, & banquetaſmes à gogo mes cópagnons & moy, & nous nous payaſmes par nos mains, des intereſts, & arrerages, que la famine nous demandoit. Don Diego le sçeut, qui se fascha contre moy, mais tous les hostes de la maison y ayant trouué matiere pour rire, se mirent de mon party, & entreprirent la deffence de ma cause. Don Diego me demandoit ce que ie ferois si la Iustice se saisissoit de moy, & ie luy répondois que i'en appellerois pardeuant la Famine qui est l'Asile des Escoliers, & que si cela ne me seruoit de rien, ie dirois qu'ils entrerent sans heurter à la porte comme dans la maison, & que cela me fit croire qu'ils estoient à nous, ils se mirent tous à rire de mes raisons. Ma foy Buscon, dit Diego, vous commencez à vous faire du mestier, si vous continuez vous deuiëdrez habile homme, c'estoit vne chose fort remarquable de voir mon Maistre si modeste & si religieux, & moy si fripon & si cauteleux : car nous estions deux contraires qui se faisoient paroistre l'vn contre l'autre, en la vertu & au vice. La maistresse se pasmoit d'aise de voir mon humeur; car elle & moy auions pris accez ensemble, & conspiré contre nostre argentier & contre la despence, mon maistre m'auoit fait son despencier: & dés cette heure-là, ie pris fort grand plaisir au mestier de Iudas, & à ferrer la mule. La chair que la Maistresse apportoit à la maison, ne gardoit iamais les regles de la Rhetorique, elle alloit tousiours du plus au moins: car quand elle pouuoit trouuer de la chair de chevre, ou de vache, elle n'achetoit iamais de mouton, de sorte qu'elle nous faisoit tousiours vne marmite phthisique tant elle estoit maigre, & des potages si clairs, que s'ils eussent esté gelez, on les eust pris pour des glaces de cristal; il est vray que pour nous resiouyr, elle jet-

F iiij

toit quelquefois des bouts de chandelle dans le pot. Quand elle me voyoit deuant mon Maistre, elle luy disoit, Monsieur, il faut aduoüer qu'il n'y auroit point de seruice pareil à celuy de Buscon, s'il n'estoit point si fripon: Ie vous conseille pourtant de le bien garder, sa grande fidelité merite bien qu'on luy souffre ses malices, il achette tousiours ce qu'il trouue de meilleur au marché. Les mesmes loüanges qu'elle me donnoit pour le regard du marché, ie les disois aussi d'elle quand le cas y escheoit, & par ainsi nous trompiós toute la maison. Quand il falloit achepter de la chandelle, du sel, des pois, ou du lard, nous en mettions tousiours la moitié en reserue pour nostre part, que nous reuendions à mon Maistre, quand l'autre moitié estoit consommée: & pour faire les bons mesnagers, nous luy disions souuent qu'il estoit trop prodigue, que sa dépence estoit trop grande, & que le bien d'vn Roy n'y fourniroit pas : si i'achetois quelque chose au marché, & que ie la contasse à mon Maistre au mesme prix qu'elle m'auoit cousté, la maistresse arriuoit là dessus, & pour faire semblant que nous ne nous entendions pas ensemble, elle me disoit comme en colere, Cóment Buscon, me voudriez-vous faire à croire qu'il y eust là pour dix sols de viande ? & moy, faisant semblant de pleurer, ie m'allois plaindre à mon maistre de la méfiance qu'on luy vouloit donner de moy, & le pressois d'enuoyer son argentier au marché, pour en sçauoir la verité, afin de faire taire la maistresse qui criailloit tousiours. Il le faisoit, & cela se trouuoit comme ie l'auois dit, & de cette façon, Don Diego & son argentier

en estoient plus asseurez en ma fidelité, & obligez du zele que la maistref-
se auoit du bien de mon maistre, qui
luy disoit à part; pleust à Dieu que
Buscon fust aussi vuide de vice comme il est plein de fidelité: Ainsi par
ces artifices-là, nous luy tirions le sang
comme des sansuës, mais le meilleur.
Vous me direz peut-estre, seigneur
Lecteur, qu'au bout de l'an nostre larcin se pouuoit trouuer bien gros, &
que ie serois en bonne conscience
obligé à restitution, ie vous aduouë
bien l'vn, & non pas l'autre, parce que
la maistresse se confessoit & commu-
nioit tous les huict iours, & si ie ne reconnus iamais qu'elle eust dessein de
rendre vn seul denier, ny qu'elle en fist
aucun scrupule; de sorte qu'en imitant vne telle Beate, ie ne pense pas
que ie fisse faute: Elle portoit tousiours vn Chappelet au col, où il y

auoit tant de bois, que quelque autre moins deuote qu'elle, eust mieux aimé porter vne charge de bois sur les espaules: il y auoit plusieurs diuerses medailles, images, Croix & grains d'indulgences, dont elle prioit (à son dire) pour ses bien-faicteurs; elle contoit plus de cent Saincts qui estoient tous ses Aduocats: Et en effet, il luy faloit bien autát d'intercesseurs, pour excuser les pechez qu'elle commettoit. Elle couchoit dans vne chambre qui estoit sur celle de mon maistre, & disoit plus d'Oraisons que le plus sçauant aueugle des quinze-vingts de Paris n'en sçait, où elle composoit des mots Latins que Ciceron ne connut iamais, qui nous faisoient mourir de rire. Outre ces vertus là, elle auoit mille autres habiletez; elle estoit conciliatrice de volontez diuerses, & medicatrice de voluptez, qui est le mesme mestier que celuy de maquerelle: mais quand ie luy en faisois la guerre, elle s'excusoit, en disant qu'vn bon chien chassoit de race. Mais seigneur Lecteur, penseriez-vous que nous fussions tousiours en paix ? Non, non, sçachez que deux amis auaricieux, & soigneux de leur profit particulier, ne peuuent demeurer tousiours en bonne intelligence ensemble, car ils ne tâchent qu'à se tromper l'vn l'autre; & de ma part, quand i'en trouuois l'occasion, ie ne la laissois pas eschapper, ie la prenois à belles dents, en voicy vn trait que ie luy fis vn iour.

Elle nourrissoit quantité de poulles en vne arriere court de la maison, il me prit enuie comme à vne femme grosse, de manger vne couple de poulets de raisonnable grosseur, & assez desirables à voir dans vn plat, qui suiuoient encore leur mere. Or vne fois en leur voulant donner à manger, elle les appella ainsi, *pio*, *pio*, *pio*, qu'elle repeta par plusieurs fois; ie remarquay incontinent à quoy cela pouuoit faire allusion, & là dessus, ie trouuay sujet de satisfaire à mon appetit: Ha Dieu! Madame Cypriane, c'estoit son nom, que n'auez-vous tué vn homme, ou rongné la monnoye, ou fait quelqu'autre crime que ie pûsse celer, plustost que d'auoir fait ce que vous venez de faire? car il faut necessairemét que ie vous aille accuser: ha! que nous sommes aujourd'huy mal-heureux, vous & moy. Elle me voyant témoigner tant de peine, & faire des exclamatiós si vray-semblables, fut vn peu troublée: hé! qu'est-ce que i'ay donc fait, dit-elle, Buscon mon amy; dis moy si tu te jouë, & ne me tiens pas dauantage en inquietude. Comment si ie me jouë, luy répondis-je: ha!

pleuſt à Dieu. Il me le faut aller reueler à l'Inquiſition, autrement ie ſuis excommunié. A l'Inquiſition, dit-elle ; & quoy, ay-ie commis quelque choſe contre la Foy ? C'eſt encore pis, luy diſ-je, ne vous mocquez pas des Inquiſiteurs, confeſſez le blaſpheme, & l'indignité, dites que vous eſtes vne mal-aduiſée, & que vous vous en dédites : Et ſi ie me dédis, dit-elle, eſtant deſ-ja toute paſle & tremblotant, me condamneront-ils à quelque peine corporelle & publique ? non, luy diſ-je, vous ſerez abſoute : Ie me dédis donc, reſpond-elle, mais dites moy dequoy, car ie n'en ſçay rien : Eſt-il poſſible que vous l'ignoriez, luy diſ-ie, certes ie ne ſçay comment ie le vous diray ; car l'impieté eſt ſi grande, qu'elle me fait trembler d'effroy. Ne vous ſouuenez-vous pas, que quand vous auez appellé vos poulets, vous auez dit, *pio, pio, pio*; & que *pio*, c'est le nom des Papes, Vicaires de Dieu, & Chefs de l'Eglise ? Elle demeura quasi évanoüie de frayeur. Il est vray Buscon, respond-elle, ie l'ay dit, mais si ce fut par malice, que Dieu ne me le pardonne iamais : Ie vous prie, voyez s'il y-a quelque inuention, pour faire que vous ne m'en accusiez pas, car ie mourrois s'il me faloit aller deuant l'Inquisition : pourueu, luy dis-ie, que vous iuriez sur vn Autel sacré, que vous ne l'auez pas fait par malice, ie seray dispensé de vous accuser : mais il faudra que les deux premiers poulets qui vinrent manger (ie les ay bien remarquez) lors que vous les appelastes auec ce tres-sainct nom des Pontifes, me soient mis entre les mains, afin de les porter à vn Familiar, qui est le nom d'vn des Ministres de l'Inquisition, afin de les brusler, parce qu'ils

sont maudits. Apres cela, il faut que vous protestiez solemnellement de ne retomber iamais dans vn si grand blaspheme. Elle fut fort resiouïe de cét expedient-là. Buscon, me dit-elle, prenez vistemét ces deux poulets-là, faites en faire la Iustice, & qu'ils portent la peine de mon peché, & demain nous ferons la protestation necessaire. Ie voy pourtant encore vn mal en cela, luy dis-ie, car le Familiar me demandera si c'est moy qui a fait le délit, & dans cette incertitude, il me pourra faire quelque mal, ie suis donc d'aduis que ce soit vous qui les portiez vous-mesme; il n'en faut point mentir, i'ay trop peur des atteintes de ces gens-là : car ils n'espargnent personne. Helas ! mon pauure Buscon, me dit-elle, entendant ces paroles, ayez pitié de moy, portez-les ie vous prie, il ne vous en arriuera aucun mal,
& vous

& vous me releuerez d'vne grande peine. Ie me fis long-temps prier, pour luy rendre ce bon office-là, & en fin ie pris courage, & les deux poulets quât & quant', que ie portay vistement cacher en ma chambre: & feignant de sortir dehors, & d'auoir fait l'affaire, ie reuins au logis, luy faisant entendre que cela auoit mieux reüssi que ie n'a-uois creu : il est vray, luy dis-je, que le Familiar vouloit venir auec moy, pour voir la femme qui auoit peché : mais ie l'en ay dextrement empesché ; là dessus elle m'embrassa, & me donna encore vn autre poulet pour ma peine, que ie portay auec ses compagnôs, & dés le soir mesme ils furent mangez auec les autres seruiteurs de la maison.

Quelques iours apres Cypriane sçeut la fourbe que ie luy auois faite, dequoy elle pensa creuer de dépit, &

G

ne s'en falut rien qu'elle ne découurît mes larcins, & mes ferre-mules à mon Maistre: mais estant complice du delit, elle craignoit de participer à la peine. Me voyant ainsi broüillé auec la Dame Cypriane, & qu'il n'y auoit pas moyen de faire paix auec elle, il me falut chercher de nouuelles inuentions de passer mon temps à quelques friponneries, dont i'auois apris l'exercice auec les Escoliers, & où depuis il m'arriua de plaisantes rencontres. La premiere fut, que m'allant promener vn soir sur les neuf heures, qu'il ne va desia plus guere de monde par la ville, ie passay aupres de la boutique d'vn Espicier, & vis sur l'étalage vn cabas de raisins; ie le saisis & m'enfuys de toute ma force: les courtaux de la boutique, & ceux du voisinage se mirent à piquer apres moy à toute bride, j'auois assez bonnes jambes & beau-

coup d'aduantage sur eux, mais la charge que ie portois m'empeschoit si fort, qu'ils m'eussent attrapé, sans vn stratageme dont ie m'aduisay: ce fut qu'en tournant vn coin de ruë, ie m'arrestay tout court, & m'asseant sur le cabas, ie me pris vne iambe, & me mis à crier comme ils passoient, le diable emporte le maraut, il m'a estropié: où est-il, où est-il? me dirent les coureurs tous hors d'haleine : voilà vn garçon qui s'enfuit, qui m'a pensé rompre la iambe, leur respondis-ie, que le diable luy rompe le col, ie ne sçay si c'est celuy que vous demádez: En mesme temps ils passent outre, & moy ie m'en allay auec mon cabas, l'arriuay à la maison, où ie contay la drolerie qu'on ne voulut pas croire, combié qu'ils la trouuerent fort bonne, & pour leur en confirmer la verité, ie les conuiay pour la nuict suiuan-
G ij

te, à me voir courre, non pas la bague, mais les boistes du mesme Espicier que i'auois affiné. L'heure venuë, ie pris garde que les cabas n'estoiét plus à l'étalage, mais à la boutique, & que ie n'y pouuois atteindre de la main, outre que l'Espicier estoit sur ses gardes, ayant esté fraischement duppé, neantmoins ie ne laissay pas d'executer mon projet : ie me mis donc vis-à-vis de la boutique, & de l'autre costé de la ruë, ayant l'espée nuë en la main, qui estoit vne estocade fort roide, puis ie pris ma course droit dans la boutique, & criant tuë, tuë, ie tiray vne estocade qui raza la barbe au Maistre Espicier, & l'allay planter dans vn cabas ; le maistre de la boutique fut si épouuenté qu'il se laissa tomber entre ses comptoirs, côme si ie l'eusse frappé à mort, quoy que ie ne luy eusse pas touché, & cependant i'emportay le

cabas au bout de mon espée, comme
vne bague au bout d'vne lance. De
maniere que ie fis voir à mes compagnons que ie ne manquois ny de hardieſſe, ny de ſubtilité pour entreprendre quelque bonne action : auſſi dirent-ils que i'eſtois capable de nourrir la maiſon, pourueu que ie trouuaſ-
ſe dequoy prendre, qui eſtoit en paroles couuertes, dire que i'eſtois bon
larron; & moy qui eſtois ieune, & qui
alloit à la bonne foy, ie me laiſſois en-
joler de ces belles loüanges-là, & m'a-
nimois le courage à faire quelque
nouueau tour de ſoupleſſe. Et parce que Don Diego y prenoit quelque
plaiſir, voyant que ie reüſſiſſois ſi bié,
ie gageay vn iour auec luy, d'oſter &
d'emporter les eſpées de la Ronde qui
ſe faiſoit toutes les nuicts dans la ville
d'Alcala.

Pour en voir l'execution, nous ſortifmes tous de la maifon, & allafmes aux lieux par où nous fçauions que la Ronde auoit accouftumé de paffer, & lors que nous l'apperçeufmes venir de loing, ie m'aduançay auec vn des feruiteurs de la maifon, & d'vne voix fort effrayée, ie commençay à crier Iuftice, Iuftice: Qui va là, dirent-ils. Monfieur le Corregidor eft-il là, leur refpondis-je (le Corregidor eft comme le Cheualier du guet à Paris) oüy me dirent-ils: alors ie me mis à genoux. Monfieur, luy dif-je, ie vous demande iuftice, vous me pouuez faire faire raifon d'vn outrage qu'on m'a fait, & rendre quant & quant vn fignalé feruice à la Republique. Ie vous fupplie de vouloir oüyr deux paroles de moy en fecret, vous ferez vne belle capture fi vous voulez. A l'inftant il fe fepara de fa compagnie, & s'auance vers moy. Cependant les Archers commencerent à regarder si leurs espées tenoient point au bout, & si leurs pistolets estoient en bon estat. Monsieur, luy dis-je, i'ay suiuy six hommes depuis Seuille iusques icy, les plus méchants & les plus infames qui soient au monde; en fin ce sont des brigáds & des meurtriers: dans cette troupelà, il y en a vn qui a tué ma mere & vn petit frere que i'auois, estans entrez chez nous pour dérober: il y a force tesmoins du fait, & l'on dit qu'ils seruent d'escorte à vn espion François, lequel comme ie presume, est, & luy parlant tout bas, Antonioperes. A cette parole, le Corregidor ouure les oreilles: où sont ils? dans le College, luy dis-ie, vsez de diligence, ie vous en coniure, les ames de ma mere & de mon frere vous recompenseront en oraisons, & le Roy en reconnoissances temporelles. Patience, répond-il,

G iiij

nous ne perdrons point de temps, suiuez-moy tous, dit-il à ses archers, & me donnez ma rondache. Non, non, Monsieur, luy dis-ie alors, en le tirant à part, vous gasteriez tout, & vous vous mettriez en grád danger si vous y alliez de la façon ; au contraire il faut que vous y entriez vn à vn, & sans espée, car ils ont tous de bons pistolets: & vous voyant entrer en troupe, & auec des armes, ils entreront incontinent en soupçon, veu que personne n'en peut porter icy que les Officiers de Iustice : ils tireroient sans doute, il ne faut que porter vos poignards sous le manteau, nous ne les inuestirons que trop, nous sommes assez de gens. Le Corregidor ne trouua pas ma proposition mauuaise: disant cela, nous approchasmes du lieu, & lors il commanda à ses gens de cacher leurs épées parmy quelques herbages qui eſtoient en vne place quaſi deuant la maiſon, ils le firent ainſi, & paſſerent outre. Or i'auois aduerty mon compagnon que dés qu'ils les auroient quittées, qu'il s'en ſaiſiſt & s'enfuiſt: il n'y manqua pas, & fort habilement. Ils entrerent tous, & moy ie demeuray le dernier, & lors ſans courir plus loin, ie me iettay viſtement dans ma chambre auec mes compagnons : Cependant voila le Corregidor dedás auec ſes archers, & ne trouuant rien dans cette maiſon-là que des Eſcoliers, il ſe retourne pour regarder où i'eſtois, il me fait chercher, & moy ne paroiſſant point, il vid bien qu'il eſtoit pris pour beſte. Il ſort auec tous ſes gés, & enuoye querir les eſpées, mais il ne s'en trouua pas ſeulement la moitié d'vne. De vous dire les perquiſitions & les diligences que fit le Corregidor & le Recteur du

College de cette nuit là, il faudroit trop de propos: seulement vous diray-ie qu'ils visiterent toutes les cours de la maison, monterent aux chambres, & chercherent iusques dedans les licts: & de peur qu'ils ne me reconnussent, ie me mis incontinent dans le lict, auec vn bonnet de nuict en la teste, vn cierge dans vne main & vn Crucifix en l'autre, & vn ieune Prestre aupres de moy qui m'aydoit à mourir: cependant que tous les autres compagnós disoient les Litanies, le Recteur & le Corregidor entrent dedans la chambre, & voyant ce triste spectacle, sortirent incontinent, iugeant qu'il n'y auoit pas d'aparence qu'on eust là besoin de leurs espées pour se deffendre de la mort, tant s'en faut, ils me dirent vn Respons de l'Office des Morts, & s'en allerent sans esperance de retrouuer leurs espées: le

Recteur iurant au Corregidor de luy remettre entre les mains le galant qui luy auoit fait cét affront, & l'autre protestant de le faire pendre quand il seroit le fils d'vn *De los grandes*. Le iour venu, ie ressuscitay & me leuay. On parle encore aujourd'huy de cette action-là dans Alcala : tout le peuple, les boistiers, les tondeurs, les fruictiers, & les venerables herbieres, car ie ne les ay iamais sçeu oublier, depuis l'affront qu'elles me firent quand ie fus Roy de l'Escole, en font leur entretien de cheminée : Ie ne vous veux point parler des tributs que ie prenois sur les pois nouueaux & les féves, sur les raisins & les fruicts des iardins qui estoient autour de nostre logis. Ainsi i'acquis le renom d'estre le plus subtil Espiegle de la Prouince; dequoy tous les Cheualiers m'aimoient si fort, qu'à peine me laissoient-ils seruir Don

Diego, à qui ie rendis touſiours le reſ-
pect, tel que de raiſon, à cauſe de l'affection qu'il me portoit.

Buſcon reçoit nouuelle de la mort de ſon pere: il quitte ſon Maiſtre, & change de profeſſion.

EN ce temps là Dom Diego receut vn pacquet de ſon pere, où
il y auoit vne lettre pour moy d'vn
mien oncle qu'on appelloit le Grimpant, homme qui viuoit dans la Iuſti-
ce, & qui eſtoit le plus connu de toute la ville de Segovie, en vn mot il en
eſtoit le bourreau, mais tres-expert
en cet office, & quiconque luy voyoit
faire l'exercice, il luy prenoit enuie de
ſe faire pendre. Ce perſonnage-là
donc m'enuoya cette lettre de Segovie en Alcala, par où l'on peut remarquer l'affection paternelle qu'il me
portoit.

LETTRE DV GRIMPANT, A SON NEPVEV.

Les grandes occupations où ie suis employé de par sa Maiesté, ne m'ont pas donné lieu de vous escrire plustost: car s'il y a quelque peine à seruir le Roy, elle est adoucie par ce petit honneur, & par cette vanité de dire qu'on est de ses seruiteurs. Il me fasche fort de vous mander des nouuelles qui ne vous doiuent pas estre trop agreables: vostre pere mourut il y a huit iours, mais le plus genereusement qu'homme que i'aye veu. Ie puis porter ce témoignage-là par tout, puis que ce fut moy qui le guinday; il alloit leuant les yeux aux fenestres des maisons, faisant des gestes de courtoisie à tous ceux qui quittoient leur besongne & leur office pour l'aller voir: Il arriua à la colomne de bois qu'on appelle vulgairement la potence, où estoit le non plus vltra de sa vie. Et ayant mis le pied sur l'escalier de l'eschelle, il monta fort habilement, & comme il alloit estre homme d'ordre, voyant vn échelon éclaté par dessus lequel il passa, il se retourna vers la Iustice, & pria qu'on le fist refaire pour quelque autre qui n'auroit pas tant de disposition que luy. Ie ne vous sçaurois representer combien il fut agreable aux yeux de tous les spectateurs ; il s'assit fort proprement, il prit la corde luy mesme, & se l'ainsta sur la noix du gosier, & voyãt que le Pere qui l'assistoit, le vouloit exhorter à la constance: Mon Pere, luy dit-il, il y a long temps que ie me suis disposé pour cette action, disons vn peu le Credo seulement, & acheuons, car ie ne veux pas ennuyer la compagnie: cela fut fait ainsi, puis il tomba sans plier les iarets, ny faire aucune grimasse, & demeura auec vne grauité incõparable. Ie le mis par quartiers, & luy donnay les grãds chemins pour sepulture. Dieu sçait le regret que i'ay de le voir en cet estat, seruir de franche lippée aux corbeaux: mais i'espere que les patissiers de ce pays-cy nous obligeront de le loger en meilleur lieu. Pour le regard de vostre mere, combien qu'elle soit encore viuante, ie vous en puis quasi dire la mesme chose, car elle est entre les mains de l'Inquisition de Tolede, accusée de deterrer les morts (& toutesfois elle ne detractoit de personne) comme aussi de faire mourir le bestail des Laboureurs: il est vray que l'on trouua chez elle plus de iambes, de bras, & de testes de cire, qu'en vne Chappelle de miracles: En fin on disoit qu'elle solemnisoit plustost le iour du Sabbath que le iour du Dimanche. I'ay vn extréme déplaisir de ce qu'elle deshonnore ainsi nostre race, où i'ay en mon particulier vn notable interest, estant officier du Roy, car cette alliance-là me defauorise fort entre les gens d'honneur. Au surplus, mon enfant, i'ay quelque chose qui vous appartient, à cause de la succession de vos pere & mere, il y a enuiron quatre cens ducats: d'ailleurs ie suis vostre oncle, ie n'ay point d'enfans, ie vous resigneray mon office. Dont la presente veuë, vous pourrez-vous acheminer par deça, car auec ce que vous sçauez de Latin, & de Rhetorique, vous serez vn homme rare en nostre mestier. Faites-moi promptement response, & cependant Dieu vous garde, &c.

Il faut auoüer que i'eus vn grand ressentiment de la honte que mes parens me faisoient: mais ie me consolay facilement, en considerant l'argent qui m'en venoit: ie m'en allay trouuer Diego qui lisoit encore les lettres de son pere, lequel luy mandoit de s'en aller, & de me laisser à Alcala, parce qu'il auoit oüy parler de ma vie. Il me dit donc qu'il se disposoit

posoit d'aller trouuer son pere, comme il luy commandoit, & qu'il luy faschoit grandement de me quitter (& à moy encore plus) & que si ie voulois, qu'il me mettroit auec vn autre Caualier qui estoit son amy, pour le seruir; mais en faisant bonne mine, Monsieur, luy respondis-je, i'ay le courage bien plus releué que vous ne pensez, ie renonce à la bassesse de ces conditions-là, ie veux escalader l'honneur, & si iusques à cet heure i'ay eu vn pied sur l'eschelle, comme chacun sçait, il faut que vous sçachiez que mon pere y est monté tout à fait: ie m'expliquay plus clairement auec luy, & lui communiquay la lettre que ce braue oncle m'auoit écrite; car puis qu'il sçauoit tres-bien qui i'estois, ie me pouuois librement descouurir à luy, & sans vergongne. Il en eut gráde compassion, & me demáda ce que

H

je pretendois faire? ie luy dis mes desseins, & dés le lendemain il s'en alla à Segouie fort triste; & moy ie demeuray dans le logis, dissimulant l'ennuy qui me serroit le cœur. Ie brûlay la lettre de peur de la perdre, & qu'on ne vist mon scandale; puis ie me resolus d'aller aussi à Segouie recueillir ma succession, & connoistre mes parens pour fuïr d'eux, & du lieu de leur demeure.

De son depart d'Alcala pour retourner à Segouie: & la rencontre de deux foux qui lui firent passer le temps en chemin, l'vn Ingenieur, & l'autre Escrimeur.

EN fin le iour vint, qu'il me falut abandóner la plus agreable vie que i'eusse encore passée: Dieu sçait mon regret, quand il fut question de dire adieu à tant d'amis & de camarades. Ie vendis ce peu de hardes que i'auois, au desceu de mes compagnós, & auec l'ayde de quelques subtilitez, ie fis iusques à six cens reales, qui valent enuiron cent cinquante liures. I'achetay vne mule, qui est la plus ordinaire monture des Espagnols, & ie sortis de la maison, d'où ie n'auois rien à emmener auec moy que mon ombre: Ie ne vous sçaurois raconter les fascheries du Sauetier pour le credit qu'il m'auoit fait; les tristesses de la Dame Cypriane nostre hostesse, pour quelque argent qu'elle m'auoit presté, ny les clameurs de son mary pour le loüage du logis, car i'emportay l'argent que mon Maistre m'auoit laissé pour le paier: l'vn disoit, le cœur me le disoit tousiours bien: l'autre, ie me doutois bien que c'estoit vn matois, & vn dessalé; tant y a que ie m'en allay tellement bien aimé de chacun, qu'vne moitié de ceux qui m'auoient connus pleuroient mon absence, & l'autre moitié tiroit de ceux qui pleuroient. Ie m'entretenois par le chemin de la consideration de ces choses-là, quand apres auoir passé Torote, ie rencontray vn homme sur vn mulet de bast qui parloit tout seul, & si fort abandonné à sa réuerie, qu'encore que ie fusse à costé de luy, il ne me voyoit pas, mais ie le réueillay de cet extase en le saluänt; il me rendit la courtoisie: ie luy demanday où il alloit, & quand nous nous fusmes satisfaits des mesmes demandes & réponses, il commença à me demander si le Turc entreroit bien-tost dás la Chrestienté, & quelles forces le Roy auoit pour l'en empescher. Puis il me demanda par quels moyens on pourroit gaigner la Terre-Saincte, & commét on prendroit Alger: ce qui me fit connoistre que c'estoit vn fol de Republique & de gouuernemét d'Estat. Nous continuasmes la cóuersation, & d'vn discours en autre, nous nous trouuasmes en Flandre, c'est à dire à parler de ces Prouinces-là. Ce fut là qu'il comméça à s'empirer & à dire: Ces Estatslà me coustent plus qu'au Roy; car il y a quatorze ans que ie suis sur vn aduis, lequel s'il n'estoit impossible, cóme il l'est, la paix seroit des-ja par tout: En quoy consiste-r'il, luy dis-je, d'estre si conuenable & si impossible tout ensemble, qu'il ne se puisse faire? Qui est-ce qui vous dit, respond-il, qu'il ne se puisse faire : sçachez qu'il se peut faire: car pour estre impossible, c'est autre chose, & si ce n'estoit peur de vous ennuyer, ie vous conterois ce que c'est: mais le temps viendra qu'on le verra ; car ie suis sur le point de le faire imprimer auec quelques autres petites œuures, où ie monstre au Roy les moyens de prendre Ostande par deux chemins. Ie le priay de me les dire; & alors foüillant dans ses pochettes, il me monstra le plan du fort de l'ennemy & du nostre, & me dit, vous voyez bien que toute la difficulté de l'affaire dépéd de ce bras de mer que voilà : or ie donne vn moyen de la tarir toute, & de la rendre à sec auec des éponges. A ce mot là, ie ne pus tenir vn éclat de rire qui me vint à la bouche ; mais au lieu de s'en offencer, il se mit aussi à rire ; il est vray, dit-il, que tous ceux à qui i'ay conté mon inuention, en ont fait de mesme que vous, tant ils y ont pris de contentement : Ie le croy, luy dis-ie, ils n'en pouuoient pas faire moins, entendant vne chose si nouuelle, & fondée sur de si bonnes raisons : toute-

fois, auec voſtre permiſſion, ie voudrois vous aduertir qu'encore que
vous euſſiez attiré toute l'eau qui ſe
trouueroit alors, la mer ne tarderoit
guere à y en mettre encore dauantage que vous n'en auriez oſté : ô qu'elle n'auroit garde, dit-il, i'y ay bien
donné ordre, par vne autre inuention
que i'ay trouuée, de creuſer la mer à
cet endroit-là de douze braſſes : ie ne
luy oſay repliquer, de crainte qu'il ne
me diſt qu'il euſt vn aduis pour attirer le Ciel en terre ; car il faut aduoüer
que ie ne vis iamais des fous ſi extra-
uagans. Auec ces admirables propoſi-
tions, nous arriuaſmes à Torregeon,
où mon Ingenieur s'arreſta, car il y alloit pour voir vne de ſes parentes ; pour
moy, ie paſſay outre, en riant à chaque bout de champ, dans les ſouue-
nances des rares inuentions qu'il m'a-
uoit racontées.

H iiij

Mais ma fortune qui estoit plus soigneuse de moy ce iour-là que les autres, & qui ne vouloit pas que ie demeurasse sans entretien, me fit apperceuoir de loin vne mule sellée & bridée, qui paissoit l'herbe en toute liberté, & vn homme aupres d'elle qui regardoit dans vn liure, & qui tiroit des lignes dessus auec vne plume, & les mesuroit auec vn compas; puis il se reculoit & s'auançoit, en estendant les bras comme vn homme qui tire des armes, & de moment en moment, croisant vn bras dessus l'autre, faisoit mille differentes postures en sautant: Iamais ie fus plus estonné, car ie m'arrestay de fort loin pour le considerer: en fin ie me figuray que c'estoit vn enchanteur; & dans cette pensée-là ie ne m'osois quasi resoudre à passer outre. Toutefois ie hazarday le paquet: & comme il me vid approcher de luy, il ferma viſtement ſon liure, & mettant le pied à l'eſtrier de ſa monture, le pied luy gliſſa, & fit vn par terre. Ie vins à luy, & l'aiday à ſe releuer; & luy me regardant auec vn œil hagard, Ie n'ay pas bien pris (me dit il) le milieu de proportion, pour faire la circonference en montant. Ie n'entendois point ce qu'il me diſoit, mais ie reconnus bié-toſt que c'eſtoit le fol le plus eſgaré qui maſquit iamais nos femmes. Il me demanda ſi i'allois à Madrid en ligne directe, ou par vn chemin circonflex. Encore que ie ne connuſſe rien en ſon langage, ie luy reſpondis que i'y allois par vn chemin circonflex. Il s'informa de qui eſtoit l'eſpée que ie portois. Elle eſt à moy? luy reſpondis-ie. Et en la regardant: ces quillons-là, dit-il, deuroient eſtre plus longs, pour parer les eſtramaçons qui ſe forment ſur le centre des estocades. Moy qui luy entendois dire tant de termes inconnus, ie luy demanday de quel art il faisoit profession : Il me respond qu'il estoit le parfait Maistre d'escrime, & qu'il le prouueroit en quelque lieu que ce fut à l'espée seule, ou bien auec le poignard. Ie le croy, ie le croy, luy dis-je vistement, tant i'auois peur qu'il ne m'appellast en duel. A vous dire le vray, quand ie commençay à vous apperceuoir de loin faisant des cercles, ie vous prenois plustost pour vn enchanteur, que pour vn escrimeur. C'est, dit-il, que ie consultois vne idée qui m'estoit venuë en l'esprit par le moyé du quatriesme cercle, & du compas de proportion, pour engager l'espée d'vn homme contre qui ie ferois vn duel pour le tuer sans confession, afin qu'il ne dist point qui l'auroit fait : & quand vous m'auez abordé, ie reduisois l'inuention aux regles de Mathematique. Est-il possible, luy dis-je, qu'il y ait des regles de Mathematiques en cela ? En doutez-vous ? me respondit-il, la Mathematique ne s'y trouue pas seulement, mais encore la Theologie, la Philosophie, la Musique, & la Medecine. Pour ce dernier, luy dis-je, ie n'en fais nul doute, puisque c'est vn art qui traite de tuër. Ne faites pas le rieur, dit-il, car vous apprendrez à cet heure vn trait subtil contre l'espée, en faisant les grands coups de taille, qui comprennent en soy les lignes spirales de l'espée. Ie n'entéds rien de toutes les choses que vous me dites, luy respondis-je, ny petite ny grande. Tenez, dit-il, voilà vn liure qui les explique : il s'appelle, la dexterité de l'espée : il est fort bon, il dit miracles : & afin que vous y adjoustiez foy, tantost quand nous serons arriuez à Rejas, où nous allons gister, vous me verrez faire des merueilles auec deux broches; & ne doutez pas que celuy qui lira ce liure, ne tuë facilemét tous ceux qu'il voudra. Il faut donc, luy respondis-je, qu'il apprenne le secret de composer la peste, ou bien qu'il procede de la doctrine de quelque Medecin.

En faisant ces discours, nous arriuasmes à Rejas; & en mettant pied à terre à l'hostellerie, il me cria que ie fisse vn angle obtus auec les iambes, & les reduisant en lignes paralelles, ie me misse perpendiculairement à bas. L'hoste qui estoit à la porte, me voiát rire, en fit de mesme, & me demanda si ce Caualier estoit Iuif ou Hebreu, à le voir parler comme il faisoit. A cette demande-là, il me pensa faire perdre le sens. Ayant enuoyé sa monture à l'écurie: Monsieur de ceans, dit-il à l'hoste, ie vous prie de me donner vne couple de broches pour faire rostir deux ou trois angles, & ie vous les rendray incontinent. Ouy dà, Monsieur, luy respond l'hoste, il n'est pas besoin que vous preniez cette peine-là : donnez, donnez-moy seulement les angles, ma femme les embrochera bien, & les fera rostir sans que vous en preniez la peine, encore que i'auouë que ce soient des oyseaux que ie n'ay iamais oüy nommer. Comment? ce ne sont pas des oiseaux, respond l'escrimeur : & me regardant, me dit en sousriant, Voyez ie vous prie que c'est que l'ignorance : prestez, prestez moy des broches, ie n'é ay affaire que pour escrimer, & peut-estre ce que vous verrez faire auiourd'huy, vous vaudra plus que tout ce que vous auez gaigné en vostre vie. En fin les broches se trouuerent empeschées, & à faute d'elles, il eut recours à deux cuillers de marmite. On ne vid iamais rien de si plaisant: il se mettoit en garde, & disoit, auec ce compas que ie fais de ma démarche, ie porte l'estocade plus loin, & gaigne les degrez du poursil : prenez garde à cettuy-cy; ie me sers à cet heure du mouuement intercadét pour tuer au naturel. Voici qui est d'estoc, & voicy qui est de taille. Il ne m'approchoit iamais de dix pas, mais il tournoit seulement à l'entour; & quiconque nous eust veu en ces postures, chacun la cuiller en la main, il eust dit que nous inuentions quelques secrets contre vne marmite qui s'enfuit à force de boüillir; puis tout haletant, comme ayant fait vn grand exercice: Voilà, dit il, le vray secret des armes, non pas de ces démarches d'yurongnes qu'enseignent vn tas de veillaques qui se disent Maistres d'escrime, qui ne sçauent que boire. A peine acheuoit-il cette parole, quand ie vis sortir d'vne chambre, contre laquelle nous estions, vn certain personnage auec vn teint enfumé, qui auoit vne moustache de gros cheueux comme du crin d'vn cheual bay, confiz à la graisse, vn chapeau à grand bord, vn costé retroussé, l'autre luy tombant sur la moitié de la trongne, vne espece de colet, fait d'vn vieux garde-tapis de table en forme de colet de buffle, les jambes taigneuses comme celles des Aigles de l'Empire, le visage auec vn grád *per signum Crucis de inimicis suis*, les moustaches faites comme deux fuseaux, vne épée au costé, & vne dague sur le roignon, dont les gardes estoient plus barrées & plus treillissées qu'vn parloir de Nonnes: & regardant en terre, l'ay esté (dit-il) examiné en bonne sale, en

voicy les lettres, & par la teste ie donneray cent coups d'épée, mesme apres la mort, à celui qui offensera les tireurs d'armes. Disant cela il met les mains sur la garde, & se retira trois pas en arriere : moi qui craignois le scandale, ie me mis entre-deux, & lui disant qu'il ne parloit pas à lui, & qu'il n'auoit pas suiet de se piquer. Lui ne laissant pas tousiours de faire le meschant : Qu'il vienne à l'espée blanche, s'il en porte vne, dit-il, qu'il quitte les cuillers de pot, & que nous fassions voir où est le vray secret des armes. En mesme instant, mon pauure compagnon ouure son liure, disant à haute voix : Voilà le liure qui le dit ; il est imprimé auec priuilege du Roy, & ie soutiendray qu'il dit vray auec cette cuiller que i'ay en main, ici & partout où il sera requis en tel cas que de raison, sinon mesurons : & tirant son
compas,

compas, Cet angle est obtus, dit-il, & l'autre tirant son espée, ie ne connois point, dit-il, ny Angle ny Obtus, & ie n'ay iamais oüy parler de ces maistres-là : mais auec cette lame-cy dans la main, ie couperay la teste à tous ceux qui voudront mépriser nostre mestier. Là dessus il leue la main pour frapper : mais mon pauure diable ioüa en mesme temps de l'espée à deux pieds qu'il auoit meilleure que l'autre, & s'éfuit vers la porte de la chambre. Il est hors de son pouuoir de me blesser, dit-il, car i'ay gaigné les degrez de pourfil. Enfin le Maistre du logis & moy, auec l'aide de quelques hostes, nous les mismes d'accord. Pour mon regard, ie ne pouuois quasi parler tant le rire me possedoit. Nous nous logeasmes tous deux en vne mesme chambre, chacun soupa, puis on se coucha, & enuiron sur les deux

I

heures apres minuict, il se leue en chemise, & commença à marcher à tastons par la chambre, faisant des sauts en auant & en arriere, & disant mille folies en langue Mathematique. Il m'éueilla, & non content de cela, il s'en va heurter à la porte de l'hoste pour auoir de la chådelle, disant qu'il auoit trouué l'objet fixe à l'estocade: l'hoste lui donnoit mille maledictiós, parce qu'il troubloit son repos; l'importuna tant qu'il l'appella fol: dequoy il se contenta, & s'en reuint en nostre chambre, me disant que si ie me voulois leuer, ie verrois l'artifice excellent qu'il auoit trouué contre le Turc & ses cimeterres, & qu'à l'heure mesme il le vouloit aller découurir au Roy, parce qu'il y alloit du bien de toute la Chrestienté. Là dessus le iour vint, nous nous leuasmes, mon compagnon & le maistre d'escrime s'embrasserent comme amis, & moy apres auoir payé nostre hoste; nous sortismes ensemble pour commencer nostre journée.

Les facetieuses extrauagances d'un Poëte que Buscon trouua sur le chemin de Madrid.

IE pris mon chemin vers Madrid, & luy prit congé de moy, parce qu'il alloit ailleurs : mais incontinent apres m'auoir quitté, il me r'appella à haute voix. Ie l'attends : & combien que nous fussions en raze campagne, où il n'y auoit que nous deux, il s'approche, & me dit à l'oreille; Au nom de Dieu, ie vous prie de ne dire iamais rien à personne de tous ces excellents secrets d'escrime que ie vous ay montrez, gardez-les pour vous, si vous estes homme d'entendement. Ie luy promis de le faire ainsi. Il s'en va, & moy aussi, en riant des souuenances des extrauagances de cét esprit là. Dans cet entretien, ie marchay plus d'vne lieuë sans trouuer personne. Ie m'en allois réuant sur les difficultez que ie trouuois pour commencer à faire profession d'honneur & de vertu : car il falloit auparauant estouffer la memoire de mon Pere, & puis exercer vne maniere de vie qui me fist méconnoistre. Ie tenois que ces propositions-là estoient desia vn fort bon commencement, & disois en mon cœur; Si ie puis vne fois de moy-mesme produire des actions de vertu, ie seray mille fois plus loüable que ceux qui les ont apprises de leurs ayeuls. Mon esprit s'entretenoit de ces belles raisons, quand ie rencontray vn certain vieillard, qui estoit monté sur vne mulle, tirant vers Madrid. Apres les ordinaires salutations, nous commençasmes à discourir ensemble. Il me demanda d'où ie venois. D'Alcala, luy respondis-ie. Que maudit soit le monde de ce païs-là, dit-il, il n'y a pas vn homme d'entendement en tous tant qu'ils sont. Ie m'estonne bié, luy dis-ie, du peu d'estime que vous en faites, veu qu'il y a tant de sçauans esprits. Des sçauans esprits, dites-vous (me répondit-il tout agité de colere) & où les trouueriez-vous, s'il y a quatorze ans que ie reside à Majabonde, d'où ie suis maistre d'Escole, & que ie fais les Noëls qui s'y chantent, & si iamais ils n'ont eu l'esprit de me reconnoistre d'aucun present? mais afin que vous voyez leur ingratitude, & leur ignorance quand & quand, ie vous veux monstrer vn eschantillon que voicy de ma besogne. Disant cela, il met la main dans ses chausses : ie considerois l'action de cét homme, & estois fort en peine de ce qu'il alloit faire, quand apres auoir longtemps fouillé des deux costez, il tira vn certain roulleau de papiers aussi gras que les parties d'vn cuisinier, desquels il en prist vn, où estoit décrite vne assemblée de bergers qui s'amassoient pour aller en Bethleem, composée d'vne rimaille la plus ridicule, extrauagante & impertinente qu'il en fut iamais veuë dans la grande Bible des Noëls. Il ne me fut pas possible de disputer dauantage contre luy, car ie ne pouuois quasi respirer à force de rire de la boufonne simplicité de cet homme. Mais pour le flatter, afin d'en passer mon temps, ie luy dis que ie demeurois d'accord auec luy, de la bestise & stupidité de ce peuple-là, qui ne reconnoissoit pas les choses de merite, & que ie n'auois iamais rien veu de plaisant en ma vie, que ce qui me venoit de lire. Ie vous prie donc (dit-il) puisque vous y auez pris plaisir, d'oüir encore vne petite piece d'vn liure que i'ay fait sur les vnze mille Vierges, où i'ay composé cinquante huictains sur chacune: c'est vn œuure fort riche; & lors pour m'excuser d'escouter tant de millions de huictains, ie le suppliay de ne me plus rien dire des choses de pieté. Et bien, dit-il, laissons-là la deuotion: voicy vne comedie. Que diable est-ce qui m'a angé de cet importun-cy? dis-je entre mes dents, en tournant la teste, & faisant la grimace. Et luy sans autre ceremonie, commence à feüilleter sa Comedie, où il y auoit plus de iournées qu'il n'en faudroit à faire le chemin de Hierusalem. Ie l'ay faite en deux iours, dit-il, ce n'est icy que le broüillon. Il y aura bien demy rame de papier, quand elle sera au net: ie l'ay intitulée, l'Arche de Noé: toutes les figures sont de cocqs, d'oysons, de regnards, d'asnes & de sangliers, à l'imitation des fables d'Esope. Ie me mis à en loüer l'inuention, disant qu'elle estoit vnique. Elle est de moy, repart-il, & en effect il ne s'est iamais rien fait de semblable au monde, & si ie la puis vne fois faire representer, chacun en sera rauy. Et comment le pourriez vous faire, luy dis-ie, puis que tous les personnages sont des bestes qui ne parlent point? Hé de par le diable, voilà la difficulté, respond-il, car sans cela il n'y auroit rien de si excellent: mais i'y ay trouué vn moyen, c'est que ie changeray mes figures, & mettray en leur lieu des perroquets, des geais, des pies, & des sansonnets qui parlent tous, & par dedans quelques singes & guenons pour faire les intermedes. Vous l'auez trouué ce coup-là, luy respondis-ie. Ce n'est pas encore tout, dit-il, i'ay fait des gentillesses plus releuées, pour vne femme que i'ayme. Voicy neuf cents & vn Sonnet, & douze rondeaux (ie pensois à oüir ce nombre-là qu'il contast des escus) que i'ay fait sur les pieds de cette personne-là. Ie luy demanday s'il les auoit veus? Non pas encore, dit-il, mais les conceptions sont en forme de prophetie. Ie prenois vn extréme plaisir à voir les naïfuetez de cet homme: mais la crainte que i'auois qu'il n'enfilast la lecture de l'iliade de ses mauuais vers, me fit rompre le discours; & luy monstrant la campagne, Tenez, luy dis-ie, voilà vn lieure. Voilà qui vient tout à propos, dit-il, ie commence par vn Sonnet, où ie compare ma maistresse à cet animal-là; & aussi-tost, il le recite: &

moy pour le diuertir; Regardez, luy dis-ie, voilà cette estoille qui se void de iour; tout me vient auiourd'huy à souhait, dit-il: En acheuant ce Sonnet-icy, ie vous reciteray le trentiéme, où ie dis que cette Dame-là est vne estoille. Ie me pensay desesperer alors, voyant qu'il n'y auoit rien au ciel ny en la terre, surquoy il n'eust fait quelque sottise: mais quand ie vis que nous arriuions à Madrid, ie fus infiniment consolé, croyant qu'il auroit honte de reciter ses rimailles par les ruës: mais il en aduint tout autremét; car pour monstrer ce qu'il estoit, il haussa le ton de sa voix en entrant dans la ruë. Ie le priay de se taire, luy representant que si les enfans sentoient qu'il fust Poëte, il n'y auroit point de trognons de choux, ny de pommes pourries par les ruës, qu'ils ne les jettassent apres nous, parce que depuis peu, ils auoient esté declarez pour fous, par des ordonnances Politiques, qui auoient esté faites contr'eux, par vn personnage qui mesme auoit esté de la secte Poëtique, mais qui s'estoit reconnu & remis dans le bon chemin : Il en eut grand dépit, & toutefois il me pria de les lire, si ie les auois. Ie luy promis de le faire, quand nous serions au logis : & parce qu'il sçauoit le pays, & non pas moy, ie me laissay conduire à luy. Nous allasmes donc à vne hostellerie, où il auoit accoustumé de loger. Nous trouuasmes à la porte plus d'vne douzaine de vielleux, & d'autres aueugles qui l'attendoient : les vns le connurent à l'odeur, & les autres à la voix, & tous luy crioient qu'il fust le bien-venu. Apres les auoir embrassez, les vns commencerent à luy demander des Noëls nouueaux, des chansons nouuelles, des

Lenturelus, ou quelque autre gaillardise pour reciter. Il en tira plusieurs d'vn sac qu'il auoit, & retira cinq reales de chacun de ses papiers: en fin il leur donna congé: & se tournant deuers moy: Voyez-vous, me dit-il, ie tireray plus de trois cens reales de ces gens-là, deuant que ie parte d'icy: & pour leur expedier ce qu'ils me demandent, vous me permettrez de vous rompre compagnie pour vn peu de temps: & apres souper, nous verrons ces maudites Ordonnances que vous dites.

Buscon se gausse de son Poëte, & luy fait voir les ordonnances contre les Poëtes.

La rencontre qu'il fait d'vn soldat, pretendant recompense de ses seruices: & d'vn Hermite qui le pipa au ieu. L'abord de Buscon auprés de son oncle.

IL alla donc s'enfermer dans vne chambre à part, pour faire quelques rapsodies de sottises pour ses chalans: & cependant l'heure du souper approcha: apres que nous eusmes rembourré le moule de nostre pourpoint, il me pria que ie luy fisse voir ces Ordonnances: & pour n'auoir autre chose à faire, en attendant qu'il se fallut coucher, ie les tiray de mes pochetes, & les leus en cette sorte.

ORDONNANCES CONTRE les Poëtes de Bale, Muses verreuses, mécaniques & de loüage comme les cheuaux.

Combien que nous soyons deuëment aduertis, que ce genre de vermine qu'on appelle Poëtes, soit adonné à toute idolatrie, adorans des cheueux, des dents, des gands, des nœuds de souliers, & qu'ils commettent vne infinité d'autres pechez plus enormes, comme s'ils estoient Barbares ou Payens : nous desirons toutefois leur conuersion, & voulons vser de charité à leur endroit, comme estant Chrestiens & nos prochains. Et en cette consideration nous ordonnons que la semaine saincte ils seront assemblez en quelque place publique, pour escouter les reprimandes de leurs erreurs, & les admonitions necessaires pour les remettre au chemin de leur salut. Et si par hazard il s'en trouuoit quelques-uns, qui touchez de leur bon genie, voulussent renoncer à leur infame vie, nous leur preparerons des Conuents de Repentis, comme il y en a de Repenties, pour y faire penitence de leurs crimes, & enuoyerons les autres aux petites maisons. Item considerant les grandes seicheresses qui se trouuent dans les Caniculaires stances des Poëtes embrasez, à cause de l'abondance des Soleils & des Estoilles dont ils sont farcis: nous leur imposons vn silence perpetuel, pour le regard des choses celestes: & comme il y a des mois en l'année que la chasse & la pesche sont deffenduës, nous leur faisons aussi tres-expresses inhibitions d'ouurir leurs veines durant certains mois de peur qu'elles ne se tarissent, à cause de la violence & de la fureur qui les transporte.

Et d'autant que cette secte infernale de Poëtes est de la Confrairie des pieds deschaux & des mortes-payes du Royaume:

nous ordonnons pour remedier à leur extreme necessité, que toutes leurs œuvres seront bruslees comme les vieilles franges & broderies, pour faire en leur faueur une épreuue de la pierre philosophale à peu de frais, & tirer l'or, l'argent, les perles, & toutes les autres pierres precieuses qui s'y pourront trouuer, dequoy ils parent leurs Deesses.

Icy le Docteur Pedantesque ne pût retenir sa colere : il se leue tout debout ; Ie vous declare, dit-il, que ie forme opposition à cette Ordonnance-là, & vous prens à partie, si vous passez outre, i'en appelle pardeuant l'Vniuersité de Parnasse, où i'ay mes causes commises, afin de ne point faire de preiudice à mon habit & à ma profession, & vous respons que i'employeray en cette poursuite tout ce que Dieu m'a donné au monde. Il feroit beau voir qu'vn homme de ma condition

condition endurast cela: car ie prouueray que les œuures d'vn tel Poëte que moy, ne sont point suiettes à telles ordonnances; & de ce pas, ie le veux aller soustenir deuant Apollon.

Il me prit grande enuie de rire: mais pour ne me pas arrester dauantage, car il estoit desia tard; Tourbeau, tourbeau Monsieur, cette Ordonnance est faite par plaisir & raillerie, il ne l'obserue qui ne veut, & on n'y est pas contraint, parce qu'elle n'est pas auctorisée d'aucune signature magistrale. Vous me remettez l'ame dans le corps, me dit-il; vous m'auez tiré de la plus grande peine du monde: sçauez-vous quel tourment c'est à vn homme qui a huict cens mille stances bien comptées, de menacer ses œuures du feu? Or bien, Dieu vous pardonne la peur que vous m'auez faite. Alors ie poursuiuis ainsi.

K

„ *Item*, voyant que plusieurs ont quit-
„ té la vie idolatre (combien qu'ils
„ en gardent encore quelques reli-
„ ques) & se sont faits pasteurs : ce
„ qui fait que leurs troupeaux sont
„ maigres, à cause qu'ils ne les abreu-
„ uent que de leurs larmes, & qu'ils ne
„ les repaissent que de la viande de
„ leurs quitarres encroüées, dont ils les
„ estourdissent, & que d'ailleurs leur
„ laine est à demy bruslée, à cause des
„ soupirs enflammez qui sortent de la
„ bouche de tels maistres bergers ;
„ nous ordonnons qu'ils delaisseront
„ cét exercice là, & que ceux qui affe-
„ ctionneront la solitude, s'en iront
„ bastir des hermitages aux deserts de
„ la Lybie : & aux autres qui ne vou-
„ dront pas agreer la condition, nous
consentons qu'ils se loüent à des nour-
„ rices, pour chanter tandis qu'elles
„ remueront leurs enfans, ou pour

les endormir au berceau.

Il faut que ce soit quelque bardache, quelque bougeron, ou quelque Iuif qui ait fait telles Ordonnances, dit alors le Pedan: mais si ie connoissois le personnage, ie luy ferois voir vne satyre qui le feroit enrager, & tous ceux qui la liroient aussi: mais ie vous prie, il feroit beau voir vn Hermite de ma façon, moy qui n'ay quasi point de barbe: & la bonne grace que i'aurois à chanter, n'ayant presque de voix que pour parler. Ie suis bon pour escrire, & non pas pour prescher. Au reste, si vous continuez à me donner ces desplaisirs-là par vostre lecture, vous me verrez tomber esuanoüi à vos pieds. Non, non, luy dis-ie, il ne vous faut point estomaquer, ie vous ay desja dit que ce ne sont que railleries, &

que ce qu'il vous plaira.

„ Item, pour empescher les larcins
„ manifestes qui se font par telles
„ gens, nous deffendons expresse-
„ ment aux Marchands Libraires de
„ faire aucun trafic de liures en vers,
„ des langues estrangeres, c'est à dire
„ qu'il n'en soit pas transporté d'vn
„ Royaume en vn autre, que ceux de
„ France ne passeront point en Es-
„ pagne : ceux d'Espagne, en France,
„ &c. & en cas qu'il s'en trouue au-
„ cuns en flagrant delict, & saisis de
„ tels larcins, il sera mis au carcan
„ pour vne heure, en qualité de lar-
„ ron du bien d'autruy.

Ie n'ay pas peur, dit le Pedant en
riant, d'estre exposé à cette ignomi-
nie, ie ne suis que trop riche en inuentions, sans en aller emprunter des e-
strangers, & ie vous iureray si vous
voulez, que quand ie prens la plume

en main, pour composer, elles viénent a si grand foule, que ie suis quelquefois plus de quatre heures à attendre que la premiere pensée soit sortie de ma ceruelle, tant elles s'empeschent l'vn l'autre au passage. Non, non, Monsieur, il n'est pas besoin d'affirmation pour cela, ie vous croy à la moindre parole.

„ Item, Nous tenons au nombre
„ des desesperez, de ceux qui se pen-
„ dent, ou qui se precipitent eux-
„ mesmes, toutes les femmes qui se
„ rendront amoureuses de ces Poëtes
„ secs comme des alumettes : & des-
„ fendons qu'elles soient enterrées
„ en terre sainte, mais iettées à la
„ voyrie.

„ Item, ayant égard à l'excessiue abó-
„ dance de Comedies, de stances, de
„ chansons, & de sonnets, dont on a
„ fait recolte durant ces années fer-

„ tiles, nous ordonnons que les liaſ-
„ ſes d'exemplaires qui ſe ſeront ſau-
„ uez des chaircuitiers & beurieres,
„ ſeront nonobſtant oppoſitions, ou
„ appellations quelconques, portez
„ aux garderobes pour s'en ſeruir en
„ temps & lieu comme de raiſon; les
„ ayant premierement bien frottez
„ entre les mains pour en oſter la ru-
„ deſſe qui pourroit cauſer excoria-
„ tion.

Item, attendu qu'il y a trois genres de perſonnes dans la Republique ſi extremement miſerable, qu'ils ne peuuent viure ſans Poëtes, comme ſont les faiſeurs de cour, les chanteurs publics des chanſons nouuelles, & Comediens; & deſirans charitablement ſubuenir à leur neceſſité & indigence. Nous permettons qu'il y ait des Poëtes, à condition qu'ils ſoubſcriront, & ſigneront leurs œu-

…tres, & marqueront le lieu de leur demeure, pour respondre des medisances & détractions qu'ils font ordinairement de plusieurs gens d'honneur, qu'ils publient par leurs perroquets Lanturelus, & landeniuelles, & pour en estre chastiés selon l'exigence des cas. Finalement, nous commandons à tous les Poëtes en general, de corriger & amender leur stile, & ne plus vser à l'aduenir de ces façons de parler, dont ils ont accoustumé de loüer des femmes pour leur propre passion, ou pour l'argent que les autres qui sont amoureux leur donnent en quoy ils profanent les choses celestes, adaptant ces noms d'Anges, d'Estoilles, de Soleils, & de Diuinitez à telle femme qui sera vne garce à tous venans, pourueu qu'ils ayent dequoy payer leur bien venuë, sur peine d'estre exilez aux tenebres eternelles, &

K iiij

abandonnez aux malins esprits, & aux furies infernales à l'heure de leur mort.

Tous ceux qui ouyrent la lecture de ces ordonnances, m'en demanderent des copies, excepté le bon Pedagogue, qui dit tout en colere, qu'il n'auoit que faire de ces defences, ny de ces admonitions, qu'il imiteroit toute sa vie la methode des bons Poëtes Espagnols, qu'il disoit auoir connus & frequentez. Nous ne sommes pas si méprisables que vous pensez, dit il, i'ay logé en vne hostellerie, auec Dignam, i'ay mangé deux fois auec Espinel; & si i'ay esté en ceste ville de Madrid, aussi pres de Lope de Vega que ie suis de vous; i'ay visité mille fois Alonso d'Arcilla en sa maison; mesmement i'ay le portraict du diuin Figueroa sur ma cheminée, & outre tout cela i'ay acheté les gregues que Padilla laissa quand il se rendit Religieux, ie les porte encore auiourd'huy; & les porteray tant qu'elles dureront, tenez, les voila, dit-il, en ouurant sa soutane de lambeaux, & mostrant vn vieux haut-de-chausse pisseux, qui n'eust pas vallu à habiller vn espouuentail de cheneuiere.

A cette action, toute la compagnie se mit si fort à rire, en bouchant leurs nez, à cause de la saleté qu'il monstroit qu'ils en penserent estouffer. Et moy, voyant qu'il estoit fort tard, ie les laissay sur cette bonne bouche, & m'allay reposer le reste de la nuict. Le iour venu, ie pris congé de mon homme sans dire mot, & sortis de Madrid. Or Dieu qui ne vouloit pas que ie demeurasse seul, de peur d'estre en mauuaise compagnie, me fit rencontrer vn soldat, dont ie m'acostay, nous fismes les compliments, & les saluts ordinaires, puis il me demanda si ie venois de la Cour. Ie n'y ay esté qu'en passant, luy répondis ie: aussi n'y faut-il pas sejourner dauantage, dit il, auec vne mine dédaigneuse: ce n'est qu'vne demeure de veillaques, & de poltrons: par la mort &c. i'ayme mieux pour mon regard estre à vn siege, dans la neige iusques à la ceinture, & ne manger que du bois, que de souffrir les supercheries, & les fourbes qu'ils ont fait là à vn homme de bien. Là dessus ie luy fis réponse, qu'il y auoit de toutes sortes d'esprits dans la Cour, & des hommes qui sçauent fort bien reconoistre ceux qui estoiét genereux & de merite. Comment Diable, cela pourroit-il estre? dit-il, veu que i'y ay demeuré six mois, à requerir, & pourchasser vn meschant drapeau, apres 20. années employées à porter les armes, & auoir répandu mon sang en plusieurs occasions pour le seruice du Roy, comme il paroist par ces blesseures. Disant cela il auale ses chausses, & me monstra ses deux aines, où il y auoit plusieurs cicatrices de furieux coups de faux-cons, qu'il auoit eus, lesquels il me vouloit faire passer pour des coups d'espée: cela fait il me montra le derriere: Voyez, dit-il voila trois coups de pistolet pour m'estre trouué enuironé de mes ennemis pour l'honneur de ma patrie; & lors il me montra trois coups gueris, qui estoient en vne distance si esgale, & en si iuste parallele, que ie crus certainement que c'estoit vne fourchefiere de quelque paysan, qu'il auoit receus en fuyant: & ie pouuois bien iuger de ces coups-là, car i'en auois eu vne semblable atteinte: puis il leue le chapeau, & me montra vn visage qui chaussoit à seize points à bonne mesure; car i'en contay autant sur vne grande balafre qui luy trauersoit la face, & luy coupoit le nez en deux côme vn Turquet: i'ay receu ce coup là dans Paris, au seruice de Dieu & du Roy: dequoy toutefois ie n'ay receu que des belles paroles, qui tiennent lieu de mauuaises œuures. Lisez ces papiers-là, ie vous en prie, car par la teste, &c. il n'y a point d'homme qui soit, ie me donne au diable plus signalé que moy. Il auoit raison: car il auoit d'espouuentables signes sur la trogne. Alors il tira de ses chausses vne certaine boîte de fer blanc, d'où il sortit de vieux parchemins, qu'il auoit comme ie croy, desrobez à quelqu'autre, dont il auoit aussi pris le nom: ie les leus par complaisance, puis ie me mis à loüer sa grande valeur: & dire que le Cid, ny Bernarg, deux fameux Capitaines Espagnols, n'auoient iamais merite d'estre comparez à luy. Comment ventre, &c. à moy, dit-il, en faisant vn pas en arriere, non pas mesmes Garcia de Perades, ny Iulian Romero, ny plusieurs autres hommes de bien, ne peuuent auoir esgalé ma proüesse: il n'y auoit point de canons de leur temps; il n'y auroit pas mort &c. de Bernard pour vne heure en ce temps-cy: Allez-vous en vn peu en Flandres, & demandez quel homme c'est que le Breche-dent, & vous verrez ce qu'on vous en dira: c'est peut-estre vous, luy respondis-ie en le regardant à la face: Vous y estes, dit-il, ne voyez vous pas bien la grande place des dents qui me manquent dans la bouche? mais ne parlons plus de cela il sied mal à vn homme de se loüer soy-mesme.

Comme nous estions sur ce propos nous rencontrasmes vn Hermite monté sur vn asne, auec vne barbe si longue, qu'elle luy alloit iusques aux genoux; le visage fort pasle & fort exténué, & vestu d'vne longue robe grise. Nous le saluasmes d'vn *Deo gratias*, à la mode qu'on vze enuers ces gens-là: & nous ayant rendu la pareille, il commença à loüer la beauté des bléds, & la prouidence de Dieu. Ha mon pere, dit le soldat, i'ay veu les piques bien plus épaisses dessus moy que vous ne voyez ces bléds-là, & au saccage d'Anuers: teste, &c. ie fis tout ce qu'vn homme de cœur peut faire: & par la mort si &c. Au second blaspheme, le bon hermite l'arresta, & le pria de ne pas iurer d'auantage; & le soldat délaissant son propos interrompu, il paroist bien, bon pere, dit-il, que vous n'auez iamais porté les armes, puisque vous me reprenez ainsi de la chose la plus recommandable de mon mestier. Ie me pris à rire de cette responce, & reconnus bien à ce langage, que c'estoit quelque belistre de Narquois.

Deuisans ainsi, nous arriuasmes à la descente du port: & cependant l'Hermite disoit ses Patenostres, auec vn chapelet de bouis, dont les grains estoient si gros, qu'ils eussent fort bien seruy de boules de mail, & d'autre costé le soldat comparoit les rochers de ces contours-là aux forteresses & chasteaux qu'il auoit veus, considerant quel costé estoit le plus en defence, & quel lieu estoit propre à planter l'artillerie. O ! disoit-il, comme ie ferois bien tost voler comme de la poussiere ces rochers-là, qui feroit rendre vn grand seruice aux voyageurs : & cependant nous arriuasmes à Crececedilla. Nous prismes logis tous trois ensemble, & demandasmes à soupper; on se mit à nous-l'apprester, & cependant l'Hermite nous dit, ce ne seroit pas mal faict de nous divertir vn peu attendant le souper; car l'oisiueté est la mere de tous vices; iouöns des *Pater noster* & des *Aue Maria*. Non mon Pere, dit le soldat, ceste monnoye-là est bonne à joüer parmy les bons Religieux comme vous: mais iouöns seulement iusques à cét reales, ie mets tousiours cela en reserue pour les hazarder gayement. Moy qui ouuris les oreilles, desireux du gain, ie dis que i'en iouërois autant: & l'Hermite pour faire voir qu'il n'estoit point de mauuaise compagnie, dit qu'il portoit des aumosnes qu'on luy auoit faites pour l'huile de la lampe de son Hermitage, qui montoit bien à deux cens reales. Quand i'entendis cela, le cœur me battoit desia d'vne impatience

que

que nous ne fuſſions au ieu, ie croyant
d'eſtre la chouette qui deuoit boire
l'huile de la lampe: mais Dieu vueille que tous les deſſeins du Turc puiſ-
ſent reüſſir comme ceſtuy-là. Enfin
nous commençaſmes le tout, qui fut
aux dez & à la chance, & n'y eut rien
de ſi plaiſant, comme quand il dict
qu'il ne le ſçauoit pas, & qu'il nous
pria de luy monſtrer, comme nous
fiſmes. Ce bon Beat nous laiſſa au
commencement tirer quelques vnes
de ſes reales, mais ſur la fin il nous
donna de ſi rudes reuers, qu'il nous
mit au blanc en fort peu de temps, &
ſe fit noſtre heritier auant noſtre
mort. A chaque coup que le ſoldat
perdoit, il ſe donnoit cent fois au
diable, auec vne infinité de iuremens,
& moy ie me mangeois le bout des
doigts, cependant que l'Hermite oc-
cupoit les ſiens à tirer noſtre argent à

L

mesure que nous parlions au diable, que nous detestions & tempestions contre nostre malheur, il reclamoit & nommoit les Saincts & les Anges. Apres qu'il nous eut ainsi duppez, & que le soldat en eut pour ses cent reales, & moy pour six cens, nous luy demandasmes s'il vouloit iouër sur des gages : il nous repartit qu'il ne vouloit pas iouër de cette rigueur là auec nous, & que nous estions Chrestiens & prochains : mais vn'autrefois, dit il, quand vous iouërez, ne iurez plus, moy qui ay pris patience en perdant, qui me suis recommandé à Dieu & aux Saincts, vous voyez comme la fortune m'a esté fauorable. Et d'autant que nous n'auions pas le mouuement du poignet, ny l'intelligence du dé comme luy, nous creusmes ce qu'il disoit, & lors le soldat iura, non pas de ne iurer plus, mais de ne iouër iamais, & moy de meime. Male-peste, disoit-il, ie me suis souuentefois trouué parmy des Lutheriens & des Mores, mais ils ne me traiterent iamais auec tant de rigueur & si peu de charité qu'a fait ce diable d'Hermite: cependant l'hipocrite se moc quoit de nous dans son froc, ayant desia repris son chappelet. Moy qui n'auois denier ny maille, ie le priay de me défrayer iusques à Segouie: ce qu'il me promit fort fauorablement.

Enfin nous nous allasmes coucher dans vne grande sale, qui ressentoit fort son hospital, où il y auoit quantité d'autres gens, à cause que les chambres estoient toutes pleines: ie me mis bien au lit, mais le souuenir de mes six cens reales, dont l'Hermite auoit pris possession, bannissoit fort le sommeil de mes yeux. Le soldat appella l'hoste, & luy recommande ses papiers, qui estoient dans la boiste de fer blanc, auec vn certain pacquet enueloppé d'vne vieille chemise: l'Hermite fit ses signes de Croix pour nous, nous nous abandonnasmes au sommeil. Durant la nuict i'entendois le soldat qui parloit de ses cent reales comme d'vn mal où il n'y auoit plus de remede, & moy d'autre costé ie songeois à estriuer quelque finesse pour r'auoir les miennes: cependant l'heure de se leuer arriua, & lors le soldat cria hastiuement qu'on apportast de la chandelle, ce que la chambriere fit promptement; puis l'hoste luy apporta son pacquet sur la table, sans se souuenir d'apporter sa boiste quant & quant. Vn peu aprés le soldat se retournant, voyant son paquet tout seul, se mit à crier comme si tout eust esté perdu, Mes affaires, mes affaires: en mesme temps nous nous mismes l'Hermite & moy à crier comme luy, qu'on luy apportast donc ses affaires : tellement que nous fismes vn tintamarre, il estourdit si fort l'hoste qui estoit accouru, qu'il s'en retourna subitement, & alla querir trois bassins de garderobe. Hé tenez de par le diable, dit-il, voila chacun le vostre. Vous en faut il dauantage ? car il croyoit qu'il nous eust pris quelque flux de ventre. Ce fut là que le soldat sortit du lict tout en chemise, & mettant l'espée à la main, courut apres l'hoste en iurant qu'il le tuëroit, & le mettroit en cent mille pieces : qu'il se mocquoit de luy, qu'il s'estoit trouué à la bataille nauale de sainct Quentin, & en plusieurs autres, & qu'il luy apportoit des bassins de chaire percée, au lieu de ses affaires & de ses papiers, qu'il luy auoit baillez en garde. Tous

L iij

ceux de la sale coururent apres luy pour arrester sa colere, mais ils n'en pouuoient venir à bout. L'hoste luy disoit, Monsieur, vostre Seigneurie m'a demandé à ses affaires auec tant d'impatience, que i'ay creu qu'il vous auoit pris quelque grand mal de ventre, car ie n'entendois pas que vous demandassiez vostre boite. A la fin sa colere se passe, & s'enreuint dans la salle. Durant tout le vacarme, ie demeuray couché dans la salle, guettant si l'Hermite se leueroit, pour aller faire raffle de dix sur l'honneste larcin qu'il nous auoit fait : mais le matois fut encore plus fin que moy, car il ne bougea du lit parmy tout ce bruit, craignant que ce ne fut l'effet de quelque conspiration contre sa finance : & nous dit pour excuse, que nous luy auions fait si grand peur que le cœur luy auoit failly. Quand tout fut appassé, l'Hermite fit vn traict de liberalité, il paye pour le soldat & pour moy puis nous sortismes de la bourgade pour aller passer le port. Pour mon regard i'estois fort affligé de n'auoir sçeu executer mon dessein.

A peu de distance de là nous rencontrasmes vn Gennois, ie dis de ces Antechrists, de monnoyes d'Espagne, qui auoit vn valet de chambre après luy : il portoit vn parasol, & par ainsi tesmoignoit d'estre quelque homme riche. Nous commençasmes conuersation auec luy, de laquelle il portoit tous les discours aux termes de banque & de change, car c'est vne nation, qui est à mon aduis, parente de Iudas, car ils ne parlent que de la bourse. Il se mit à parler de Bizance, à sçauoir s'il y auoit seureté ou non de bailler de l'argent à Bizance, & nôma si souuent Bizance, que le soldat

L iiij

& moy luy demandalmes, qui estoit ce Caualier-là. Il se mit à sousrire, & nous respondit que c'estoit vne ville d'Italie, où s'assembloient les hômes de negoce (que nous appellons en Espagne pipeurs de plumes) pour mettre le prix auec lequel on traffique des monnoyes: & de sa responce nous apprismes que Bizance est le lieu où les tailleurs des monnoyes prennent leurs mesures. En cheminant, il nous conta qu'il estoit perdu pour vne báqueroute en laquelle il auoit plus de soixante mille escus: & ce qu'il disoit, il l'affermoit par sa conscience, combien que pour mon regard ie croye que la conscience entre marchands c'est comme vn pucelage, dont vne maquerelle trafique, qui se vend sans se liurer. Il n'y en a quasi pas vn qui ait de la conscience, car ayant ouy dire qu'elle mord, ils l'ont laissée en naissant auec leur nombril.

En ce bel entretient nous arriuasmes à la veuë de Segouie, dont l'objet fut tres-agreable à mes yeux : mais la memoire des tourmens soufferts chez Ragot, amoindrissoit beaucoup mon contentement.

En approchát de la ville, i'apperceus mon pere sur le grand chemin, qui attendoit compagnie: cela me fit gráde compassion: ie ne fis pas pourtant semblant de rien, ie quittay ceux auec qui i'estois, & m'en allay resuant comment ie pourrois auoir des nouuelles de mon oncle. I'entray donc comme inconnu, parce qu'il m'estoit venu vn peu de barbe ; & d'ailleurs, que i'estois assez bien vestu. Ie demanday à plusieurs personnes où demeuroit le Seigneur Grimpant: mais chacun me respondit qu'il ne le connoissoit point. Ie fus grandement réjouy de voir tant d'hommes de bien dans ma patrie: & comme j'estois en cette peine là, j'apperçoy venir vne infinité de canailles, qui couroient en regardant derriere eux: ie me range comme les autres personnes, & voicy venir plusieurs Archers, & autres Officiers de Iustice, & au milieu d'eux vne perche de penitens contre leur gré à demy nuds, & mon oncle apres eux, auec des esmouchoirs aux deux mains, dont il espousseroit leurs espaules de peur des guespes: ie me trouuay si prés de son chemin, qu'il m'apperceut incontinent. O mon nepueu! s'escria-il en m'embrassant, tu n'as qu'à m'attendre icy, ie m'en vays faire vne promenade auec ces Messieurs, & puis ie te viens treuuer, pour te mener disner auec moy. Ie pensay mourir de honte de cette caresse, car il s'ar-

de l'Auenturier Buscon.

resta plus de populace à me regarder, qu'il n'y en auoit à la suite de ces pauures suppliciez, & si ie n'eusse eu mon heritage à tirer de ses mains, ie dis l'argent que mon pere m'auoit laissé, afin qu'on entende bien, ie m'en fusse allé dés cet heure-là de la ville, pour n'y retourner iamais: mais ie ne pus moins faire, que de luy promettre que ie l'attendrois là, comme ie fis: & son affaire estant faite, il me vint querir, & me mena chez luy.

Le courtois accueil que Buscon receut de son Oncle: la bonne chere qu'il luy fit en sa maison, & comme apres auoir recueilly sa succession, il quitta sa compagnie.

CE venerable oncle auoit sa maison aupres de l'escorcherie des Bouchers, qui est le lieu le plus infect

& le plus sale de la ville. Ce n'est pas icy vn palais, me dit-il, entrant dans son logis; mais ie vous asseure, mon nepueu, qu'il est fort commode pour mon office. Nous montasmes en sa chambre par vne eschelle, & dés que ie mis le pied dessus, ie regarday en haut, craignant qu'il ne m'arriuast quelque desastre, car il sembloit que ce fust le chemin de la potence. Nous entrasmes dans vne chambre, dont le plancher estoit si bas, qu'il nous y falloit aller de la mesme posture, que ceux qui attendent des benedictions, c'est à dire la teste inclinée sur le ventre. D'abord ie vis vn ratelier garny de tous les outils de son mestier, des foüets, des cordes, des espées des cousteaux, & des fers à imposer les marques Royales. Iamais criminel qu'on met en galere ne fut plus estonné, ne plus honteux que moy, de voir tous ces beaux meubles. Il me demanda pourquoy ie n'oſtois pas mon manteau, & pourquoy ie ne m'aſſeois pas? ie luy reſpondis que c'eſtoit ma couſtume de demeurer ainſi. Vous auez eſté bien fortuné, dit-il, de m'eſtre venu voir auiourd'huy, car vous ferez bonne chere, il y a quelques vns de mes amis qui doiuent venir diſner chez moy. Comme il diſoit cela, voicy entrer vn certain homme, portant vne grand' robbe tannée, de ceux qui vont queſtant pour les ames de Purgatoire, & en hochant ſa boëte de queſte, il dit à mon oncle, Les ames m'ont autant valu auiourd'huy, comme à toy les fuſtigez. Diſant cela, il met ſa boëte à vn coin, & trouſſant ſa robbe, me fit voir des iambes faites comme vn y grec planté à contremons: puis il ſe mit à danſer & à ſauter. La Rapiere n'est donc pas encore venu, dit-il? Non, luy respond mon oncle. Là dessus il entra vn grád paillard à genoux dans cette chambre, parce qu'il estoit trop grand, ou la chambre estoit trop basse; il auoit vn visage de Margaiat noirastre & fort camus, vn chappeau haut comme vn pot à beurre, & des bords si larges, qu'ils eussent peu couurir quatre hommes de la pluye, vne espée à son costé, auec plus de pasdasnes qu'il n'y en a autour d'vn moulin. Il ne fut pas plutost entré, qu'il s'assit. Il faut aduoüer, mon parrain (dit-il à mon oncle) que vous auez accoustré auiourd'hui vos penités en enfans de bonne maison. Alors le Questeur pour les ames prit la parole, & dit, ce sont des belistres, qui n'auoient pas dequoy payer vne courtoisie, ie donnay quatre ducats à Flechille le fustigateur d'Ocaigne, pour me traitter en amy, comme il fit, quand on me fit faire la pourmenade. Pour mon regard, dit l'autre, ie ne plaignois pas l'argent à Lobrene, quand il me fit faire la mesme chose à Mourcia, & si le veillaque me fit bien sentir que quelqu'vn qui auoit plus de credit que moy, m'auoit recommandé à luy. Ces Officiers-là, repart mon oncle, sont gens sans honneur ils ne me ressemblent pas; car quand on capitule auec moy, lors ie me sçay fort bien acquiter de mon deuoir. I'escoutois tous ces discours-là auec la plus grande vergoigne que l'on sçauroit imaginer: dequoy ce grand escornifleur de gibet s'apperçeut, disant, est ce pas cét honneste homme qui passa le dernier marché par vos mains? Non, non, luy respond mon oncle, c'est mon neueu, qui est maistre és Arts en Alcala, & fort sçauant.

Il me demanda pardon, & m'offrit toutes sortes de seruices, dont ie le remerciay de bon cœur, car c'estoit vn compagnon du mestier de mon oncle, qui luy aidoit quand il en auoit besoin. Cependant i'enrageois de faim & d'enuie de tirer vitement mõ argent de mon oncle, & m'enfuir de sa maison. Enfin ils mirent la nape, puis ils deualerent par la fenestre vne corde qui me sembloit auoir plus de 20. brasses, où estoit attaché vn vieux chapeau, comme font les prisonniers qui demandent l'aumosne, dequoy ils tirerent quatre ou cinq plats de terre, & de bois, esbrechez & à demy cassez, où il y auoit plusieurs sortes de mets friants, comme des tripes, des testes de mouton, du salé, & des ceruelats; ie pensois que cette corde décendist iusques aux Antipodes: mais i'aperceus que tous ces biens là leur venoient

venoient d'vne tauerne qui estoit dans vne caue au pied de la maison de mon oncle: cela fait, ils iettent encor leur ligne, & pescherent vne demy douzaine de bouteilles qui tenoient plus de deux quartes chacune, voilà vn bon coup de filet, dis-ie, alors en moy-mesme.

Ils se mettent à table, & font mettre au haut bout le benoist Questeur; puis les voila à boire, & à aualer plus de raisons qu'il n'en pouuoit sortir de leur bouche: il ne se parloit point là du deluge: car ils n'auoient nulle memoire de l'eau: enfin ils farcirent si bien leurs ventres, que leur mangeaille & leur breuuage leur enuoya des vapeurs au cerueau qui leur éblouïssoit la veuë: ils voyoient des choses qui n'estoient point sur leur table; car le Questeur prit vn plat de tripes fricassées, qui nageoient dans

M

vne sauſſe noire comme de l'ancre, ſe figurant que c'eſtoit vn potage, il le prit à deux mains pour le humer, en diſant que la proprieté eſtoit vne belle choſe, & le penſant auoir mis dans ſa bouche, il le verſa moitié dans le ſein, & moitié dehors par deſſus ſes habits, & ſe voyant en cét eſtat-là, il ſe leue de table pour ſe nettoyer, mais ſa teſte eſtoit ſi peſante, que le reſte de ſon corps ne pouuoit faire le contre-pois, ſi bien que dés la premiere démarche qu'il fit, il donna du nez en terre; & voulant prendre vn coin de la table, il la renuerſa ſur les deux autres: Mon oncle ſe voulant leuer, qui eſtoit auſſi eſtourdy de vin, tomba ſur ſon compagnon d'office, lequel ſe voyant pluſtoſt à bas qu'il n'y auoit ſongé, demanda à mon oncle pourquoy il le pouſſoit ſi rudement, & ſi c'eſtoit ainſi qu'il falloit traitter ſes hostes: & disant cela, il amassa vn os de iambon qu'il trouua sous sa main, pour en assommer mon oncle, qui estoit estendu tout de son long, sans se pouuoir remuër: mais comme il fut leué sur les genoux, il leue le bras, & au lieu de le frapper, il luy vomit toutes les garnitures de ses tripes sur le visage.

Pour mon regard ie ne m'assis point à table, ie pris seulement vn morceau de pain, & vn peu de vin: car i'eus tant de dégoust de leurs viandes, & de leur saleté, qu'il me fut impossible de manger auec eux: i'estois donc en estat de secourir mon oncle, comme ie fis, mais non sans grande peine, ie luy ayday à se releuer, & à se mettre sur son lit, ayant humblement fait la reuerence, & donné le bon soir à vn poteau qui estoit au milieu de sa chābre, croyant

M ij

que ce fut vn de ses conuiez. Les deux autres cependant s'estoient endormis sur le plancher. Comme ie les vis tous dans ce silence, ie sortis de la maison pour respirer, & m'oster de toutes ces infections. Ie me diuertis à me promener tout le soir par la ville, à reconnoistre ma patrie. Ie passay pardeuant la maison de Ragot, où i'appris les nouuelles de sa mort, sans me soucier beaucoup dequoy elle estoit aduenuë, sçachant bien que la mort de faim auoit vn grand empire chez luy. Au bout de quatre heures de promenade, ie m'en retournay au logis, ie trouuay vn de la compagnie qui rampoit à quatre pates par la chambre, cherchant la porte, & crioit qu'on auoit emporté la chambre : ie luy aiday à se leuer, & laisser dormir les autres, qui ne s'éueillerent que sur les vnze heures l'vn en s'estendant & bâillant, demanda quelle heure il estoit; mon oncle qui n'auoit pas encore escorché le Regnard, luy respondit qu'il n'estoit que midy, & qu'il falloit attendre que la grande chaleur du iour fut passée pour sortir: Le Questeur prit sa robbe, il pense chercher la porte pour s'en aller, & il trouue la fenestre: & voyant les estoilles, venez voir, venez voir, cria-t'il aux autres, le Ciel est estoillé en plain midy, il y a eu auiourd'huy vne grande Eclipse: mon oncle & son compagnon firent des signes de croix, & baiserent la terre, prians qu'ils fussent garentis de tout malencontre. Ie fis tout ce qu'il me fut possible pour prendre patience iusques au iour, & lors chacun de ces hostes s'en alla.

Me voyant seul auec mon oncle, qui auoit vn peu repris ses esprits, ie

Ie mis sur le propos de ma succession, & comme il entendoit fort peu son entregent, il me falut auoir beaucoup de peine à le reduire au point où ie le voulois amener: à la fin, il y vint: mais pourtant auec quelque retenuë, puis que ie ne pus tirer de luy que trois cens ducats des quatre cens que mon pere m'auoit laissez, & qu'il auoit acquis par des subtils moyens, lesquels il auoit baillé en garde à vne femme d'honneur, qui seruoit d'ombre aux larcins qui se faisoient & dix lieuës autour de Segouie, laquelle nous allasmes trouuer chez elle, me faisant mille caresses, souhaitant que ie fusse aussi habile homme que le deffunct. Les ducats furent contez & liurez en belle monnoye, & mon oncle me voyant prendre possession de mon heritage: Mon nepueu me dit-il, vous auriez grand tort de mal employer cet argent-là : si ie ne vous connoissois homme d'entendement, & que vous aurez tousiours memoire des gens de bien, dont vous estes issu, ie n'aurois garde de vous le mettre entre les mains : mais le voilà si vous le sçauez bien ménager, vous vous pouuez asseurer d'auoir part aussi en mon labeur. Ie luy rendis graces de ces belles offres, & apres auoir payé le goûté chez ma tresoriere, nous retournasmes mon oncle & moy en son abominable logis, où nous ne fusmes pas plustost entrez, que son compagnon d'office arriua, à qui mon oncle conta l'affaire que nous auions faite. Il m'en falut encore payer le vin. Ie voyois au visage du drôle, & à ses discours, qu'il faisoit quelque conspiration contre ma bource : mais par bonne fortune, apres que ie les eus fait boire le plus abondamment qu'il me fut possible, mon oncle & luy s'endormirent sur la table. Voyant cela, ie ne perds point de temps, ie me leue, ie sors doucement, comme fort respectueux, & les enferme dans la chambre : ie iette la clef par vne chatiere qui estoit à la porte, & m'en allay prendre logis bien loin de là, en vne tauerne, en attendant quelque commodité pour m'en aller à la Cour : mais pour garder le *decorum*, qui est vn mot que i'auois oüy dire au pays Latin, parmy la nation pedantesque, ie m'aduisay de faire vne lettre à mon oncle, & luy rendre raison de ma subite disparution. L'ayant faite, ie m'en retourne chez luy, où ie trouuay le mesme silence que i'y auois laissé, & les vids encore en la mesme posture : ie iettay la lettre par la chatiere, en laquelle estoient contenuës ces paroles.

LETTRE DE BVSCON A GRIMPANT SON ONCLE.

MON ONCLE, apres la grace que Dieu m'a faite d'oster mon pere de ce monde par vne mort honorable, & d'auoir reduit ma mere en vn lieu d'où elle ne peut attendre qu'vne pareille fin, il ne me restoit plus que de vous voir faire sur autruy l'exercice de vostre mestier: ie l'ay fort soigneusement consideré, & de là i'ay fait vne forte resolution d'estre l'vn de ma race (car ie n'en puis par estre deux) qui essayeroit à me garentir de vos atteintes, & mesme de vostre presence. Ne vous souuenez donc non plus de moy que ie feray de vous, & n'esperez iamais de me voir, si d'auenture l'orage de mes mal-heurs ne me iette par force entre vos mains.

Buscon s'en retourne à Madrid, & s'accoste par le chemin d'un Piedescaux, qui se disoit estre Chevalier d'un Ordre appellé l'Industrie.

TOVTES choses me succedoient alors fort heureusement: à mon retour ie trouuay qu'vn charretier estoit venu loger en mon hostellerie, qui menoit quelque bagage à Madrid : il auoit vn asne, qu'il me loüa: ie me leue de bon matin, & vais attendre à la porte de la ville il vint incontinent apres, & ie commençay mon voyage en detestant ma parenté, & me representant la colere, la rage & les maledictions que mon oncle & son associé vomirent contre moy quand ils leurent ma lettre.

Cependant ie talonnois la barbe de Sancho Pança, l'Escuyer de Dom

Quichote, souhaittant passionné-
ment de ne plus rencontrer personne
en mon chemin, de peur de faire naufrage, quand i'apperceus de loin vn
ieune homme, qui sembloit estre vn
tiercelet de noblesse, à pied botté &
esperonné, vn grand collet de passement, son manteau sur l'espaule du
costé du montoir, son espée en baudrier, & vne gaule à la main, comme s'il se fut pourmené, & qu'il eust
attendu quelque compagnie. Ie m'i-
maginay aussi-tost que c'estoit quelque Caualier qui auoit laissé son train
derriere luy. Ie l'aborde en le saluant:
il me regarde, & me dit, Peut-estre,
Monsieur le Licencié, que vous allez à la Cour. Il est vray, Monsieur,
luy respondis-ie; vous auez la mine,
dit-il, sur cette monture-là d'estre
moins las que moy, auec tout mon
équipage. Ie creus qu'il vouloit par-

ler de quelque carosse qui le suiuit. Ie trouue plus de cómodité, luy respondis-ie, d'aller sur cette beste cy, que dedans vn carrosse, ie ne la changerois pas à l'aise que vous pensez auoir dans le vostre, car le branlement & les cahos me font tourner la teste.

Qu'appellez-vous le vostre? dit-il, à qui vous ioüez-vous? il s'émeust vn peu à cette parole, & se retourna vers moy auec quelque vehemence: & parce qu'il estoit attaché tout à l'entour d'vne seule aiguillette, qui deuoit encor estre fort vieille, ses chausses luy tomberent sur les genoux, & luy laisserent tout son pauure cul à l'air, car sa chemise estoit si courte, qu'à peine luy pouuoit-elle cacher le bas du ventre. Il ne les peust si tost releuer ny s'enuelopper de son manteau, que ie ne visse toutes ses plus secrettes affaires: ce qui m'obligea à faire semblant d'esternuer, & me boucher de mon mouchoir, pour estouffer vn esclat de rire qui me surprit; & luy qui ne sçauoit à qui auoir recours, me pria de luy prester vne aiguillette. Monsieur, luy dis-ie, si vous n'attendez vos gens, vous estes en danger de demeurer longtemps en cét estat là, car ie ne vous sçaurois aider, estant attaché vniquement aussi bien que vous. Si vous faisiez dessein de vous moquer de moy, me respondit-il, vous pourriez bien passer vostre chemin, car ie ne sçay ce que vous voulez dire de carrosse, ny de gens. Enfin au bout de demy-lieuë que nous allasmes ensemble, il s'expliqua si bien en matiere de pauureté, qu'il me fit connoistre que si ie ne luy faisois la faueur de le laisser monter pour quelque temps sur mon asne, qu'il ne luy estoit pas possible d'arriuer à la Cour, tant il estoit lassé d'aller à pied, & de tenir ses brayes en ses mains. Ie fus esmeu de compassion, ie mis pied à terre, & luy aiday à monter. Il n'en fut iamais venu à bout sans secours : il ne se pouuoit ayder que d'vne main, car l'autre luy seruoit d'aiguillette : mais ie fus fort espouuenté en luy rendant ce bon office-là : ses chausses estoient si rompuës, que ie luy sentis le cul tout à nud sur la main : Luy qui s'aperçeut de ce que i'auois reconnu, prit la parole comme discret qu'il estoit, & me dit, Monsieur le Licentié, tout ce qui reluit n'est pas or; vous auez creu d'abord en me voyant auec ce grand colet de passement, que ie fusse quelque Comte de Gascongne; mais sçachez qu'il y a quâtité d'honnestes gens au monde, qui sont aussi à descouuert que moy. Ie fis tout ce qui me fut poſſible pour l'aſſeurer que ie ne ſçauois dequoy il me parloit : Comment, dit-il, n'auez vous rien veu ? cela ne ſe peut faire : car on peut voir aiſément tout ce que ie porte : ie ne cache rien à perſonne. Vous voyez vn Gentilhomme de vilage, que ſi la Nobleſſe me maintenoit comme ie la maintiens, il n'y auroit rien au monde à deſirer pour moy. Mais, Monſieur le Licencié, nous ſommes en vn ſiecle, où ſans pain & ſans chair on ne peut ſouſtenir ny maintenir la nobleſſe : & l'on n'oſeroit ſe dire Gentilhomme en l'eſtat que ie ſuis ; car il n'y a point de gentilleſſe parmy la miſere. Ie ne fais plus de cas de lettres de nobleſſe, depuis qu'vn iour me treuuant bien tard à ieun, on me refuſa deſſus vn pain & vn demi ſeptier de vin en vne tauerne : i'ay vendu tout ce que i'auois dedans le monde pour subuenir à mon entretien, car le bien de mon pere qui s'appelloit Don Torrinio Rodriguez Balleio, Gomez, d'Ampoüero, fut pendu pour autruy : il n'y a que le Don qui m'est resté à vendre (Don est vne addition que les Caualiers Espagnols mettent à leur nom) mais ie suis si malheureux, que ie ne trouue personne qui le vueille acheter, d'autant que ceux qui ne sont pas de qualité pour le mettre deuant leur nom, ils le mettent derriere, comme Coridon, Bourdon, Gaillardon, Gueridon ; Randon, Brandon, & plusieurs autres de pareille terminaison. J'aduoüe qu'encore que les calamitez de ce pauure Seigneur me semblassent ridicules, ie ne laissois pas pourtant de trouuer beaucoup de diuertissement en sa compagnie. Ie luy demanday comment il s'appelloit,

loit, où il alloit, & pour quelles affaires. Il se nomma de tous les noms de son pere, encore y adjousta-il ceux-cy de cardan, & de lourdain, si bien qu'é l'écoutant parler, il m'estoit aduis que i'entendois vn brimbalement de cloches, din, dan, don. Il me dit qu'il alloit à la Cour, pource, disoit-il, qu'il conuient mal à vn homme de condition cóme moi, de demeurer au village: & puis pour vous dire vray, ie ne m'informe pas si le beurre ou l'huile sont chers, car ie n'ay pas dequoi frire c'est pourquoy ie m'en vais à la patrie commune de tous les braues, en vn lieu où sont les franches lippées, & où il y a des tables couuertes & ouuertes pour des estomacs auenturiers, qui cherchét midi où il n'est qu'vnze heures: c'est mon vray sejour, car ie ne máque iamais là d'auoir cent reales en bourse, de trouuer giste en plusieurs

N

lieux, & de passer mon temps en toute volupté. Enfin ie me sers fort dextrement du prouerbe Italien.

Co' il arte e co' gl'inganno
Se viue' mez zo' l'anno:
Cogl' inganno e co' l'arte
Se viue l'altra parte.

En effet l'industrie est vne vraye pierre philosophale dâs la Cour, elle châge en or tout ce qu'elle touche.

I'estois rauy d'entendre ces discours là: & pour m'entretenir par le chemin, ie le priay de m'apprendre par quels moyens & practiques ceux qui n'auoient que l'espée & la cape comme luy, pouuoient subsister dans la Cour veu que la plus grand part des Courtisans n'ont pas encore assez de leur bien propre pour y viure, mais ils tâchent encore de mâger celuy d'autrui. Il y a de ceux-là, & d'autres aussi, me respond il : mais la flatterie est la clef principale, & le passe par tout pour entrer dans les affections de ces gens là : & afin de vous mieux instruire de ma vie, escoutez le recit que ie vous vais faire.

Le Chevalier de l'industrie conte l'exercice de sa vie à Buscon, & luy donne envie d'estre de son Ordre.

VOvs deuez premierement sçauoir, que la Cour est comme l'Arche de Noé : il y a de toutes sortes d'animaux, de bons & de mauuais, des sots & des sages: que les bons y sõt fort rares, & les méchans fort difficiles a connoistre, parce qu'ils se déguisent parfaitement bien. Bref c'est là qu'on trouue les extremitez de toutes choses. Il s'y rencontre aussi vn certain genre de personnes, de l'ordre desquels ie suis, qui n'ont ny meubles ny immeubles, presens ny à venir. No9 nous appellons en general Caualiers de *l'Industrie* : & parce qu'il y en a de plusieurs especes, nous auons des nós particuliers pour les donner à connoistre: les vns se nomment les Egrillats, les autres les Matois, les autres Filoux les enfans de la mate, les Rampants, les Aprippes, & plusieurs autres noms qui denotent leur profession. Nous auons pris ce titre d'Industrie, parce qu'elle est nostre guide & nostre gouuernante. Nostre viande plus ordinaire c'est celle des Cameleons, car nos estomacs ne se repaissent bié souuent que de vent, car c'est vn grand trauail quand il faut tirer sa nourriture de la cuisine d'autruy. Nous sómes l'effroy des banquets, la vermine des tauernes, & les cóuiez par force: neanmoins nous nous entretenons & viuons contents. Nous sommes gens qui ne mangeons qu'vn oignon, &

nous ferons mine auec vn curedent en la bouche d'auoir mangé vn chapon. Si quelqu'vn nous vient visiter chez nous, & qu'il trouue nôtre châbre pleine d'os de mouton, ou d'oiseaux, quelques pelures de fruicts, la porte jonchée de plumes ou de peaux de lapins, lesquelles choses nous amaßions la nuict par les ruës pour nous en honorer le iour, nous faisons semblant de crier? Est-il possible, disons-nous, que ie ne puisse gagner cela sur mes gens d'estre plus propres qu'ils ne sont: Excusez s'il vous plaist, Monsieur, c'est que i'ay eu compagnie aujourd'huy: & ces meschans valets, &c. Ceux qui ne nous connoissent pas croyent que nous disons vray. Mais que vous diray-ie de nos franches lippées chez autruy? Quand nous auons parlé seulement la moitié d'vne fois à quelqu'vn, nous nous appriuoisons auec luy, nous apprenons son logis, & à l'heure du disner nous l'allons visiter, & disons que l'inclination que nous auons à l'honorer & le seruir, nous oblige à cette visite: que nous sómes charmez de son esprit & de ses vertus qui sont incóparables. S'il nous demande si nous auons disné, & qu'il s'aille mettre à table, nous disons que non: & s'il se trouue qu'il en fust desia sorty, nous respondons que s'en est fait: s'il nous conuie, nous n'attédons pas qu'il le reïtere pour la seconde fois parce que pour telles attentes, nous nous sommes souuent trouuez apres disner, quoy que nous fussions à ieun. Quand nous sommes à table, encore que nostre hoste sçeut fort bien entamer les viandes, nous luy disons, affin de prendre occasion d'engloutir quelque bon morceau, baillez, baillez-moy Monsieur que ie vous serue s'il vous plaist d'escuyer trenchant: il me souuient que Monsieur vn tel, que Dieu vueille auoir son ame (& lors nous nommons quelque Duc ou quelque Marquis deffunct) prenoit plus de plaisir à me voir metre en pieces quelque perdrix, faisan, ou oyseau de riuiere, qu'à manger. En parlant ainsi, nous prenons la piece & le cousteau, & la depeçons. O qu'elle sent bon? disons-nous, certes vous feriez grand tort à vostre cuisinier de n'en pas goûter: O le gentil garçon. Et par ainsi nous bannissons nostre famine.

Si d'auenture ces rencontres là nous manquent, nous auons recours à la marmite de quelque Couent, faisant accroire à celuy qui distribuë la soupe, que nous allons là plutost par deuotion que par necessité. C'est encore vne chose plaisante de voir vn de nous autres dans vne Academie de jeu : nous sommes les plus seruiables gens du monde, nous mouchons les chandelles, nous allons querir le pot de chambre, & vantons la bonne fortune de celuy qui gagne, & tout cela pour vne reale qu'on nous donnera. Pour ce qui est de nos habillemens, nous sçauons fort bien l'vsage de la friperie : & comme il y a en plusieurs lieux l'heure pour faire l'oraison, nous l'auons aussi entre nous pour racoustrer nos habits.

C'est vn passe temps nompareil de voir la diuersité des choses que nous faisons : & comme nous tenons le soleil pour ennemy declaré, parce qu'il accuse nos repetasseures & rauauderies nous nous escarquillons au matin au soleil, & en baissant la teste nous voyons à terre l'ombre des filets & des pendeloques qui se laschent & se détachent à force d'vsure; puis auec des cizeaux n⁰ faisons la barbe à nos chausses: & d'autant qu'elles s'vsent toûjours plus entre les iambes qu'ailleurs, nous coupons gentiment des pieces aux regions de derriere, pour en reparer les breches des contrées de deuant, de sorte que nous nous gardons bien apres de quitter nos manteaux, comme aussi de monter sur des eschelles ou sur des arbres, si ce n'est par force. Dauantage nous estudions des postures contre la clarté, en plein iour, nous allons les iambes serrées, & faisons la reuerence sans déioindre les genoux d'ensemble, de peur qu'en ouurant les iambes, on n'aperçeut l'ouurage de nos chausses percées à iour. Au reste il n'y a point d'habillement sur nous qui n'ait iadis esté quelque autre chose & dont on ne puisse faire vne genealogie. Vous voyez bien ce manteau que ie porte, il descend en ligne directe d'vne cou-uerture de mulet, qui estoit fille d'vn tour de lict en housse : mes chausses ont esté engendrées de trois chaires percées de drap verd, qui auoit pour grand pere vn parauant, & mon pourpoint est fils d'vne contre-porte à vn huis, qui estoit issuë d'vne garniture de ieu de billart, & qui sera dans peu de temps conuerty en semelles de bas de chausses.

Nous apportons aussi vn grand soin à nous esloigner des chandelles, quand nous nous trouuons les soirs en quelque cópagnie ; de peur qu'on ne descouure comme nos manteaux sont chauues & raz, car on auroit autant de peine à tondre dessus que sur vn œuf. C'est le plaisir du Ciel de nous donner de la barbe, & la denier à nos habillemens. Nous prenons garde aussi, de ne point frequenter les maisons qui sont affectées à chacun de nos compagnons, de peur de nous entrenuire : & cela est cause que nos ventres sont quelquefois trauaillez de ialousie. Nous sommes tenus d'aller à cheual vne fois le mois, ou bien sur quelque poullain, il n'importe, & en carrosse vne fois l'an : & lors que cela arriue, nous essayons d'auoir place à la portiere, afin de nous faire voir à tous ceux de nostre connoissance, qui se rencontrent par les ruës & pour cet effet nous tenons tout le corps hors du carrosse, afin de ne perdre point l'occasion d'estre veus. Si d'auenture il nous demange en quelque endroit ; & que le regiment de poüilli nous importune, nous auons des inuentions pour nous gratter deuant le monde, sans qu'on s'en apperçoiue : nous contons quelque combat, & disons qu'vn tel soldat de noſtre connoiſſance eut vn coup fauorable qui trauerſoit d'vne telle partie du corps en vne autre, & lors nous la monſtrons en portant la main en ce lieu-là, & par ainſi nous ſatisfaiſons à noſtre neceſſité. Si cela nous arriue à l'Egliſe, & que la demangeaiſon ſoit ſur l'eſtomach, nous diſons le *Sanctus* encore que ce ne ſoit que l'*Introibo* : ſi c'eſt par derriere, nous nous ſerrons conte vn pillier, & faiſant ſemblant de regarder quelques choſe pardeſſus les autres, nous nous eſleuons ſur la pointe du pied, & de cette façon nous nous grattons à noſtre aiſe. Pour ce qui concerne la menterie, il faut ſçauoir que la verité ne ſe trouua iamais en noſtre bouche: nous faiſons touſiours entrer quelques Ducs & Comtes dans nos diſcours, dont les vns ſont nos parens, & les autres nos amis, prenant toute fois garde que ceux dont nous parlons soient morts, ou bien fort esloignez. Et ce qui est de remarquable entre nous, c'est que iamais nous ne deuenons amoureux que *de pane lucrando*, d'autant que nostre ordre nous deffend expressement de prendre accointance auec les Dames qui demandent plustost que de donner, pour belles & grandes qu'elles puissent estre: de sorte que nous ne caressons que les cabaretiers pour les repuës, & les hostesses pour les logemens, & ainsi de toutes celles dont nous pouuons tirer des commoditez. Or sus vous voyez bien ces bottes-là, & vous croyez que ie sois fort bien chaussé par dessous: mais vous vous trompez, car ie suis botté & à crud & à nud: & quiconque verroit ce colet, penseroit que ie ne deusse pas manquer de chemise: mais pour vostre regard, vous sçauez bien desia ce qui en est : toutefois vn Caualier peut bien estre dénué de ces choses là, mais non pas d'vn colet, d'autant que cela sert d'ornement à la personne. Enfin, Monsieur le Licencié, vn Caualier de nostre Ordre pour estre parfait, doit auoir autant de deffaut qu'vn registre de greffe : il se trouue tantost en prosperité auec quelque argent, & tantost dans vn hospital auec des poux, & par ainsi nous viuons dans la Cour, & nous y entretenons : & celuy qui sçait bien faire valoir *l'Industrie*, il passe son temps comme vn petit Roy.

Iamais homme ne fut plus estonné que moy, entendant la methode de vie du Caualier, où ie pris tant de goust & de diuertissement, que sans y penser ie cheminay iusques à Rozas, où nous logeasmes cette nuit-là.

De sorte qu'il me prit pour duppe, & fit valoir son *Industrie* : car il se seruit de ma monture : & me fit aller à pied, & si il me falut payer le giste & le souper pour luy, car il n'auoit ny pite ny obole. Ie me souuins de tous ses discours, pour m'en seruir en temps & lieu, car ie sentois que mon inclination estoit fort portée à la goinfrerie. Ie luy declaray tous mes desseins auparauant que nous coucher, dont il fut si content, qu'il m'embrassa mille fois, me disant qu'il auoit bien creu que son recit estoit capable de faire impression en vn homme de bon entendement comme moy. Il m'offrit sa faueur pour m'introduire dans la Cour parmy les Confreres de *l'Industrie*, & mesme dans leur logement ; ce que i'acceptay de bon cœur, sans luy découurir pourtant que i'eusse de l'argent, sinon cent reales, qui suffirent à m'acquerir son affection. Le lendemain ie luy achetay trois esguillettes de cuir, dont il s'attacha ; & de fort bon matin nous partismes pour gaigner Madrid.

Buscon

Buscon s'en va loger chez les Chevaliers de l'Industrie: l'œconomie qui s'obseruoit là, & la querelle de deux Chevaliers de cet ordre.

IL n'estoit que dix heures au matin, quand nous arriuasmes à Madrid: nous allasmes droit au logis des confreres de Don Loriuio, &c. il heurta à la porte, & vne vieille qui estoit toute habillée de haillons luy vint ouurir. Toriuio luy demanda où estoient ces Messieurs, & elle repondit qu'ils estoient allez busquer fortune : nous entrasmes & demeurasmes seuls iusques à midy : & le Caualier pour ne point perdre de temps, c'estoit occupé à m'instruire & à me fomenter l'enuie que i'auois à l'Ordre. Enque i'eusse de l'argent, sinon cent reales, qui suffirent à m'acquerir son affection. Le lendemain ie luy achetay trois esguillettes de cuir, dont il s'attacha ; & de fort bon matin nous partismes pour gaigner Madrid.

Buscon

de l'Auenturier Buscon.

Buscon s'en va loger chez les Cheualiers de l'Industrie: l'œconomie qui s'obseruoit là, & la querelle de deux Cheualiers de cet ordre.

IL n'estoit que dix heures au matin, quand nous arriuasmes à Madrid: nous allasmes droit au logis des confreres de Don Loriuio, &c. il heurta à la porte, & vne vieille qui estoit toute habillée de haillons luy vint ouurir. Toriuio luy demanda où estoient ces Messieurs, & elle repondit qu'ils estoient allez busquer fortune: nous entrasmes & demeurasmes seuls iusques à midy: & le Caualier pour ne point perdre de temps, c'estoit occupé à m'instruire & à me fomenter l'enuie que i'auois à l'Ordre. Enuiron à vne heure apres midy voicy venir vn certain phantosme palpable, vestu d'vne soutane de frise noire qui le couuroit depuis le colet iusques à la cheuille du pied, à la mode de ceux qui portent le düeil en Espagne: mon guide & luy parlerent en semble en iargon de Narquois, d'où s'ensuiuit vne embrassade qu'il me donna auec mille offres de seruice; & luy ayant fait le contre compliment, il tira vn gand & le secoüant sur la table, en fit sortir enuiron douze ou quinze reales, auec vne lettre, par la vertu de laquelle il disoit les auoir amassees. C'estoit vne permission pour quester pour vne pauure Damoiselle. Ayant vuidé son gand, il en tira vn autre, & les roula ensemble à la mode des Medecins: ie luy demanday pourquoy il ne mettoit pas ses mains dedans : Ils sont tous deux d'vne main, me respond-il ; & c'est vne industrie pour auoir des gands qui ne coustent rien. Ie remarquay qu'il tenoit tousiours son manteau croisé & fort serré par dessus son estomac, & comme nouueau que i'estois, ie m'informay de la cause. Mon frere mon amy, me dit-il, c'est que i'ay vne furieuse tache d'huile par deuant, & vne grande chastiere sur les espaules, & tout cela se cache sous le manteau. Toutefois au bout d'vn peu de temps il quitta le manteau pour aller à l'espoüilloir, c'est à dire esplucher sa vermine : lors i'aperceus qu'au lieu de chausses il auoit deux rouleaux de carton qui luy pendoient depuis la ceinture iusques aux genoüils, si bien qu'il n'auoit ny chausse ny chemise : & ie le trouuay si nud, qu'il me sembloit qu'vn pou ferré à glace eust bien eu de la peine à se tenir sur luy. Et parce que chacun décoauroit là fort librement ses necessitez, mon conducteur luy dit : ie viens de la campagne auec vn grand mal de haut de chausse qui auroit bien besoin d'vne ample reparation, & se tournant deuers la vieille, luy demanda s'il n'y auoit point de pieces de drap vert dans son magazin, car quand elle alloit par la ville, elle ne manquoit iamais d'examiner les ordures des tailleurs, comme font les chifonnieres des papetiers. Il n'y en a, dit elle, ny vertes, ny rouges, c'est pourquoy Don Granger garda le lict plus de quinze iours, parce que ses habits estoient si malades qu'ils tomboient par morceux, & nous n'auions pas d'emplâtres pour les guerir.

Là dessus, voicy entrer vn Industrieux, c'est à dire vn Caualier de cest ordre, auec des bottes de campagne, vn habillement gris, & vn chapeau, dont les bords étoient retroussez des deux costez; luy me voyant estranger, demanda qui i'estois, & ayant satisfaict à sa curiosité, il me fit la bien venuë: puis il quitta son manteau, & ie vis qu'il n'y auoit que le deuant de son pourpoint qui fust de drap, & que le derriere estoit de pure toile de chanvre: ie ne me pus tenir de rire d'vn si estrange habillement; il m'aperceut en sousriant aussi; là là, dit-il, peu à peu on se fera aux armes. Ie gageray qu'il ne sçait pas pourquoy ie porte le chapeau retroussé : c'est par galanterie, luy repondis-ie, & pour auoir la veuë plus libre : au contraire, respond-il, c'est contre la veuë, car il y a deux espouuentables taches de graisse dessus, & par ce moyen on ne les void pas. Disant cela, il tira plus de vingt lettres, & autant de reales. Mon guide me dit, que l'industrie de ce Caualier-là, estoit d'aller en cet équipage, distribuer des fueilles de papier pliees en forme de lettres missiues, ausquelles il mettoit des souscriptions de noms, & des personnes de qualité, & prenant garde que telles gens ne fussent pas chez eux, il portoit ces lettres, & s'en faisoit payer le port à cinq sols la piece, & qu'il vsoit de cet exercice là, le plus souuent qu'il luy estoit possible, en s'addressant tousiours à nouuelles personnes. Apres cettuy-cy il en vint deux outres, qui disputoient ensemble en heurtant à la porte, l'vn auoit vn demy mouchoir autour du col, faute de colet, & vne couple de fournimens à sa ceinture, auec vne fourchette de mousquet à la main, qui luy seruoit de manteau, vne potence sous l'esselle, & vne jambe en l'air, entourtillée de vieux linges & de peaux de lievres, parce qu'il n'auoit qu'vn soulier & vn seul bas de chausse. Il se disoit soldat, & auoit esté en plusieurs dangereuses occasions: ie croy pour moy qu'il disoit vray. Il contoit les seruices qu'il auoit rendus au Roy, & en cette qualité de Soldat entroit librement par tout. L'autre auoit vn pourpoint qui estoit manchot, & pour cacher ce deffaut-là, il portoit son manteau en escharpe, dans lequel estoit enueloppé le bras gauche, qui estoit nud. Il crioit tout haut, vous m'en deuez la moitié, ou pour le moins vne bonne partie; & si vous ne me la donnez, ie iure, &c. Ne iurez pas, repart l'estropiat, car quand nous serons entrez ie vous feray bien voir que i'ay de bonnes iambes & de bons bras, & que ie vous rompray ma potence en cent pieces sur les oreilles. Tu en auras menty : & toy aussi. Et là dessus les voila aux prises : & en vn instant la place fut jonchée des pauliéres, de manches, de basques, de drapeaux, & d'vne infinité d'autres pieces d'habillemens; si bien qu'ils demeurerent nuds comme deux figures de la Resurection : nous accourusmes à eux pour les separer : mais nous ne sceusmes par où les prendre pour les décharner d'ensemble. Comment, disoit le soldat pretendu, tu es si effronté que de vouloir aller du pair, & partager mon butin auec moy ? Et nous informant du sujet de leur querelle : Vous sçaurez Messieurs, nous dit-il, que comme i'estois tantost dans

Saint Sauueur, vn petit garçon s'est addressé à ce veillaque-là, & luy a demandé si ie n'estois pas le Capitaine Iean Laurens? il luy a dit qu'ouy: & parce qu'il s'est aperçeu que ce petit garçon portoit quelque chose, il me l'a amené, & m'a dit, Tenez Capitaine, parlez à cet enfant, & m'approchant, il m'a donné vne douzaine de mouchoirs, disant que sa mere me les enuoyoit. Et maintenant ce maraut cy en veut auoir la moitié: mais ie luy donneray la moitié de deux cens coups de baston: mon nez les vsera, ou ie les dechireray pluftost. Le differend fust accómodé par l'ordonnance qui fust faire par les Officiers de l'Ordre, à sçauoir qu'il les mettroit entre les mains de la vieille pour le profit de la communauté, pour en faire de fausses manches de chemise qui se pussent monstrer en Esté. En mesme temps la nuict vint, & nous nous couchasmes tous si pressez, qu'il sembloit que nous fussions des ferement de barbier dans vn estuy : & pour le regard du souper, il ne nous chargea point l'estomac, & plusieurs aussi n'eurent pas beaucoup de peine à se deshabiller.

Buscon commençant à pratiquer la vie des Confreres de l'Industrie, attrape vne franche lipée; & escroque vn Courtisan.

AV bout de quelque temps, Dieu voulut qu'il fit iour, & lors nous nous mîmes tous aux armes: i'estois desia aussi priué auec eux, comme s'ils eussent été mes freres ; car dedans les choses mauuaises il y a tousjours vne apparence de douceur & de facilité qui amorce les sots. Il y auoit plaisir à voir mettre la chemise à tel qui la prenoit douze fois. Tel autre demandoit vn fourrier pour se loger dans son pourpoint, qui n'en pouuoit venir a bout en demie heure. Tel auec vne aiguille recousoit le pourpoint de son compagnon rompu sous l'aisselle, qui cependant étant de bout, & étendant le bras, representoit la lettre L renuersée, & tel autre pliant les genoüils, & rapetassant l'entre iambe de ses chausses, faisoit la figure du cinq de chiffre : enfin iamais Boscan n'inuenta tant de diuerses postures dans ses peintures, que i'en vis alors. Cela fait, ils se visiterent l'vn l'autre, pour voir si tout alloit bien : puis ils commencerent à designer quartier à chacun. Pour mon regard, ie voulus faire vn trait de liberalité pour ma bien-venuë. Ie dis que ie leur donnois mon habillement pour mettre en leur friperie, ayant intention d'employer mes cent reales pour en faire vn autre, afin de quitter la soutanne. Non, non, dirent-ils, nous trouuerons bien l'industrie de vous habiller sans despenser là vostre argent, nous auons de l'estoffe de reste dont nous vous accommoderons, & les cent reales seront mises dans la bourse de leur societé. Leur aduis me sembla bon, ie leur mis librement mon argent entre les mains, & incontinent ils me prennent ma soutanne, & en la coupant quatre doigts au dessous de la ceinture, ils la conuertirent en roupille. Ils accourcirent aussi mon manteau de prés de demie aulne : neantmoins il resta encore d'assez bonne longueur, & toutes ces rongnures furent troquées contre vn vieux chapeau reteint. Ils me donnerent des botines de maroquin, où il y auoit des demy bas de soyes cousus, qui ne couuroient que le genoüil : ie fus aussi paré d'vn colet qui paroissoit assez sain par deuant, mes par derriere il auoit vne furieuse blesseure. Comme ils me le mirent sur le col ; Il faut auoir de l'industrie, me dirent ils, pour satisfaire à la vanité du monde. Ce colet cy se sent vn peu de la caducité ; mais sçauez que toutes & quantefois que quelqu'vn vous regardera de front, que vous soyez en mesme instant conuerty en cette fleur qu'on appelle Tournesoleil ; c'est à dire, que vous le regardiez aussi de front. S'ils sont deux ; auancez-vous, prenez le deuant, laissez tomber vostre chappeau en arriere, & releuez le bord fort droit par deuant, afin que le bord de derriere cache le deffaut de vostre colet: & si l'on vous demande pourquoy, respondez qu'il vous est permis d'aller le front découuert par tout le monde. Apres ces instructions, ils me donnerent vn petit fusil d'Allemagne, garny de toutes ses vstenciles: plus vne boëte pleine de fil blanc & noir, vn dé, vne couple d'aiguilles, & plusieurs morceaux & retailles de drap & de linge auec vne meschante paire de ciseaux. Auec cet equipage là, me dirent-ils, vous pouuez peleriner tout l'Vniuers, sans auoir besoin d'amis ny de parens: c'est ce qu'il vous faut garder pour quartier, ils me donnent celuy de S. Louis pour aller chercher des franches lippées, comme faisoient tous les autres. Il est vray que parce que i'estois encore nouice, ils m'enuoyerét sous la charge de celuy-là méme qui m'auoit conuerty & attiré à cette venerable Confrerie. Nous sortîmes donc de la maison, auec vn pas graue, tenant nos rozaires en la main à la mode de la nation Espagnole, & prismes le chemin du quartier qu'on nous auoit donné. Nous faisions les doux yeux & les courtois à tous ceux que nous trouuions : nous ostions le chapeau à chacun, souhaitans en méme temps d'en pouuoir faire de mesme de leur manteaux : nous faisions la reuerence aux femmes, car elles y prennent grand plaisir, & les paternitez encore plus. A la pluspart de tous ceux que nous trouuions, mon prudent gouuerneur disoit tousiours quelque mot en passant; à l'vn, on me doit demain apporter de l'argent; à l'autre, attendez ie vous prie encor vn iour, i'ay affaire à vn banquier, qui ne me donne que des remises. Tel luy demandoit le máteau qu'il luy auoit presté ; tel le chapeau, & tel le baudrier. A quoy ie reconnus que le personnage estoit tellement amy de ses amys, qu'il n'auoit sur soy chose aucune qui fut sienne.

Nous allions serpentant de costé & d'autres par les ruës, de peur d'approcher trop prés des boutiques des creanciers. Tantost il est accosté d'vne homme qui luy demandoit le loüage de maison, vn autre de l'espée, vn autre des draps & des chemises, de façon que ie remarquay qu'il y a des Caualiers de loüage aussi bien que des cheuaux, & que cettuy-cy en estoit vn. Or en passant chemin, il apperçeut de loin vn certain quidam, qui le persecutoit pour quelque debte : & lors, de peur qu'il ne le reconnût, il tira ses cheueux qu'il auoit troussez derriere ses oreilles, & de sa

pochette

pochette un grand emplastre de tafetas noir, qu'il s'appliqua sur un œil, & se mit à parler Italien auec moy. Cependant le creancier s'approcha, & ayant ietté les yeux sur mon guide, il prit quelque idée de recognoissance douteuse, il passe deux ou trois fois autour de nous, puis il fit un signe de Croix: Iesus, dit-il, ie pensois que ce fût là un tel: i'ay quasi fait une grand faute. Ie me mourois de rire, tant de l'estrange figure du debiteur, que de l'estonnement du creancier, & comme il fut passé, nous entrasmes dans vne porte, où il reprit la premiere forme, & me dit, voyez-vous mon frere, il faut apprendre ces ruzes cy pour se sauuer de ceux à qui l'on doit, autrement on se verroit souuent engagé en de grandes peines. Nous passames outre, & à un coin de ruë nous prismes chacun prés d'vn demy verre d'eau de vie, qu'vne femme nous donna gratis. Voila, nous dit-elle, vn souuerain preseruatif contre la famine: apres en auoir pris, vn homme se peut passer de manger toute la iournée. Mon estomac ne croira iamais cela, luy dis-je: & lors mon conducteur me repartit, vous auez bien peu de foy à la religion & à l'ordre: Le Seigneur ne manque pas aux corbeaux, ny aux geais, ny mesme aux Greffiers, & il manqueroit aux pauures Cheualiers de l'Industrie?

A ce point-là vne horloge sonna midy: & parce que ie n'estois pas encore bien accoustumé à cette nouuelle vie, mon ventre ne se contentoit pas de l'eau que ie luy auois donnée, car il auoit autant de faim que si ie n'eusse rien aualé: lors me tournant deuers mon guide, ie trouue, luy dis-je, vn nouitiat fort rigoureux, quand il faut ieufner si long temps; ie suis accoustumé à manger côme vn chancre, ou pour mieux dire, comme vn chantre, & vous me faites garder des Vigiles, qui ne sont pas marquées au Calendrier Romain: Pour vostre regard, si vous n'auez pas faim comme moy, ce n'est pas grand merueilles, car estant né dans la famille, & y ayãt esté nourry, vous vous en passerez facilement: & puis que ie voy nostre disné en blanc, & que vous ne faites aucune diligéce d'exercer les premieres armes de Cain, vous m'excuserez bien si ie vous fausse compagnie, & si ie vais chercher quelque chose de solide pour chasser les ventositez qui commencent à engendrer des tõnerres dans mes boyaux. Vous estes vn grand gourmand, me répond-il, voila midy qui acheue de sonner, & vous criez famine, comme s'il y

P ij

auoit trois iours que vous n'eussiez mangé : vous estes fort exact au seruice de vos tripes ; vne beste n'en feroit pas dauantage : or il faut que vous sçachiez que la sobrieté nous rend seins & gaillards : en effet il ne se trouuera point écrit, que pas vn des Caualiers de *l'Industrie* ait iamais eu de déuoyemét d'estomac, ny par en haut, ny par en bas. Ie vous ay déja dit, que Dieu ne manque iamais à personne, & si vous auez tant de haste de mascher, ie m'en vais à la marmite des bons Peres de l'Oratoire ; si vous me voulez suiure à la bonne heure, sinon, que chacun se pouruoye. Adieu, luy dis-ie, mes defauts ne sont pas si petits, qu'ils puissent estre reparez des restes des autres. Il prend vne ruë, & moy l'autre, mais ie m'arrestay à vn coin, pour guetter ce qu'il feroit ; i'apperceus qu'il tira vne certaine boitte de sa pochette pleine de petites miettes, qu'il portoit touſiours pour vne telle occaſion, il en prit des pincées & les ſema ſur ſa barbe, & ſur le deuant de ſon pourpoint, pour feindre qu'il auoit mangé. Pour moy, ie me fiois à mon argent, & neantmoins ma conſcience ſe ſentoit chargée de manger à mes dépens, attendu que c'eſtoit contre les ſtatuts de l'ordre de *l'Induſtrie*: mais i'eſtois ſi preſſé de faim, que me ſeruant du prouerbe, *neceſſité n'a point de Loy*, ie me reſolu de rompre mon jeuſne.

Comme i'eſtois ſur ce diſcours, ie me trouuay au coin de la ruë S. Louis, où il y auoit vn Patiſſier: en meſme inſtant, la fumée d'vn paſté de cinq ſols qu'on venoit de tirer du four, me frappa les narrines & m'arreſta tout court, comme feroit vn bon chien couchant qui auroit éuenté des perdrix. Ie iette les yeux dessus, en aualant ma saliue, & le regarday si fixement, & auec des desirs si attractifs, qu'il me semble que le pasté se secha à demy, par la vehemence de mes œilladesr. Tantost ie me proposois des inuentions pour le dérober, & tantost ie me deliberois de le payer & l'emporter dans vne tauerne: Mais parmy ces irresolutions affamées, ma bonne fortune voulut que ie rencontray dans la ruë vn certain Maistre és Arts de ma cognoissance, appellé Baldinus, qui auoit vne trongne toute pleine de bourgeons rouges, aussi gros que des petites meures, & crotté comme vn semonneur d'enterrement. Dés qu'il m'apperceut, il se vint ietter sur moy, faisant vn grand estonnement de me voir: car selon que i'estois habillé, il y auoit peine à me reconnoistre. Nous voilà bras dessus, bras deſſous, il me demanda commēt ie me portois: ô Monſieur le Maiſtre! luy reſpondis-ie, que i'aurois de choſes à vous conter, ſi i'auois aſſez de loiſir, le malheur veut qu'il men faut aller ce ſoir. Celà me faſche fort, dit-il, & s'il n'eſtoit point ſi tard, car il eſt plus d'vne heure, ie retarderois mon diſner pour vous entretenir vn peu: mais ie ſuis attendu de ma ſœur, & de ſon mary. Comment, luy dis-ie, Madamoiſelle voſtre ſœur eſt-elle icy? quand ie deurois abandonner & meſme perdre toutes mes affaires, ie luy veux aller baiſer les mains. Ie deſirois pluſtoſt faire vn compliment à mon ventre, qu'à ſa ſœur, car lors qu'il me dit qu'on l'atendoit pour diſner, cela me fit ouurir les oreilles, pour prendre l'occaſion par les cheueux. Ie m'envais donc auec luy; & en chemin, ie commēçay

P iiij

à luy parler d'vne certaine femme d'Aliala qu'il auoit fort aimée : ie luy dis que ie sçauois où elle estoit, & que i'auois moyen de luy faciliter l'entrée de sa maison, c'est à dire, en bon François, luy faire vn maquerelage. Il fut encore plus touché de ces paroles, que ie ne l'estois de l'esperance de disner auec luy; aussi sçauois ie bien l'endroit où il falloit chatoüiller le compagnon pour le faire rire.

Durant ce deuis-là, nous entrâmes au logis de sa sœur, à qui ie fis mes offres de seruice, & à son mary aussi: mais me voyant venir à vne telle heure, ils se persuaderent que c'estoit à dessein de disner auec eux, comme il estoit vray, si bien qu'ils se mirent sur les excuses. Ie fis aussi meshonestetez, & répondis que i'estois de la maison, & des plus anciens amis, & qu'ils me faisoient tort de me traiter auec cérémonie. Maistre Baldinus, qui me vid si tost apprivoisé, fut fort estoné, car il n'auoit pas pensé à me conuier: mais afin qu'il supportast plus doucement mon effronterie, ie le remis de nouueau sur le propos dont ie l'auois abordé, & luy dis que ceste femme qu'il auoit aimée ne le pouuoit oublier: qu'elle m'auoit souuent demãdé de ses nouuelles, & plusieurs autres sortes de menteries sur ce subject. Chacun se mit à table, où ie m'escrimay de mes deux mains & de toutes mes dents: en deux gorgées le potage qu'ils m'auoient fait dans vne écuelle à part, fut aualé: cela fait, ie me iettay si auidement sur les plats, que l'ordinaire fut dépeché, auec plus de diligence qu'vn courrier extraordinaire. La nape fut leuée, & le maistre Baldinus & moy nous retirâmes à part, pour discourir ensemble de la

Nymphe dont ie luy auois parlé, & des moyens de la visiter chez elle, que ie luy representois tres-faciles: & comme nous deuisions ainsi appuyez sur vne fenestre, ie fis semblant que l'on m'apelloit de la ruë. Monsieur ie m'en vais vous trouuer, dis-ie tout haut, & là dessus ie pris congé de la compagnie, leur donnant parole que ie reuiendrois sur le champ : ils m'attendent encore aujourd'huy.

Au sortir de cette maison, ie m'en allay par les ruës, en tirant vers la porte Guadalajara, & m'assis sur vn banc deuant la boutique d'vn Marchand de soye: ie n'y fus pas plustost arriué, que voicy venir à ces boutiques deux femmes, de celles qui demandent à emprunter, non pas leur hardes, mais sur leur propre personnes : elles ne monstroient que la moitié du visage,

& couuroient l'autre d'vn crespe fort delié; elles estoient suiuies de leurs vieilles & de leurs petits pages, porte poulets, lesquelles demanderent s'il y auoit point quelques velours de nouuelles façons. Sur ce propos-là, ie pris occasion de parler à elles, d'où ie reconnus que ma liberté leur auoit donné quelque esperance de credit en la boutique deuant laquelle i'estois assis; & comme celuy qui se hazarde à ne rien perdre, ie leur offris tout ce qu'elles voudroient. Elles firent des simagrées de remerciement, comme les Medecins ou les Aduocats, qui refusent l'argent qu'ils voudroiét dé-ja tenir, me répondant qu'elles n'estoient pas femmes à prendre de ceux qu'elles ne connoissoient pas. A cette réponse, ie pris mon temps pour m'excuser enuers elles, de ce que ie ne leur auois rien offert; &

que ie les priois d'accepter vne certaine étoffe qu'on m'auoit apportée de Milan, que ie leur enuoyerois le soir suiuant, par vn page qui estoit nud teste, à six pas de moy, attendant son maistre qui voyoit des estoffes dans la boutique voisine, lequel ie disois estre à moy; & afin de leur faire de plus en plus croire que i'estois quelque personne de consideration, ie saluois tous les Magistrats & Caualiers qui passoient par là en carrosse, faisant des mines & des œillades, côme si i'eusse esté fort familierement connu d'eux: De façon, que par ces artifices, & par la veuë de mon argent que ie leur fis voir, comme sans dessein, en voulant donner l'aumône à vn pauure, elles s'imaginerent que i'estois quelque personne d'importance: Et lors, sans s'arrester dauantage, elles me firent la reuerence, & prirent congé de moy, auec ma permiſſion, apres m'auoir toutesfois enſeigné leur maiſon, & aduerty de la dexterité qu'il falloit obſeruer pour enuoyer le page chez elles. Ie leur demanday pour faueur, & cóme par galanterie, vn Chapelet enfilé d'or, que portoit la plus affetee des deux, qui fit quelques mines de refus, teſmoignant que c'eſtoit trop peu de choſe : & moy feignant que i'en faiſois vn grand eſtime, ie leur offris mes cent eſcus d'or pour gage. Mais enfin, ſur l'eſperance qu'elles auoient de me prendre pour dupe, & de m'eſcroquer au double, elles ſe fierent en moy, & me donnerent ce Chapelet, que ie baiſay mille fois, non pas pour la deuotion, mais pour la valeur : car il y pouuoit auoir pour quatre piſtoles d'or.

Je sortis de là auec elles comme en les accompagnant, & à cét instant ie m'éloignay de six pas, & fis signe à ce Page que i'ay dit, de venir parler à moy, & feignant de luy dire qu'il m'attendist-là auec le reste de mes suiuans: ie luy demanday s'il estoit au Commandeur tel mon cousin, mais il me respondit que non. Ces bonnes Dames me remercierent de l'honneur que ie leur voulois rendre, & cependant nous marchions toujours. Elles me demanderent où étoit mon logis, & lors prennant occasion de faire valoir ma vanité, ie remarquay vn grand logis où il y auoit vn carose sous la porte: & en mesme temps, ie leur dis que c'estoit-là, & que la maison, le carosse & le Maistre estoit à leur seruice, & que ie m'appellois Don Aluaro de Cordoüe. Disant cela, elles me virent entrer dans ce logis auquel ie sçauois qu'il y auoit vne porte de derriere, qui estoit presque tousiours ouuerte, & par ainsi, ie me défis de cette agreable compagnie, & m'en allay à nostre logis.

La nuict vint incontinent apres, & les Caualiers de *l'Industrie* se retirent comme moy. A peine fus ie entré, quand voicy arriuer ce soldat qui étoit sorty armé de toutes pieces, ie dis de toutes pieces rapportées pour composer vn habillement : Le voicy dis-ie entrer auec vne torche à la main qui luy auoit esté donnée pour porter & assister en vn conuoy de funerailles, mais il l'auoit emportée sans aller à l'enterement. Il s'appelloit Magace, & disoit estre d'Olias: qu'il auoit esté Capitaine en vne Comedie, & qu'il s'estoit trouué souuent au combat contre les Mores sur le theatre. Quand il se rencontroit auec ceux qui auoient esté en Flandres, il disoit auoir esté en la Chine, & quand il estoit auec ceux qui auoient voyagé à la Chine, il ne parloit que de Flandres. Il ne se vantoit que de düels, & de mettre pourpoint bas à la campagne : mais il ne l'auoit iamais fait que pour éplucher sa vermine. Il deuisoit des Turcs, des galions & des grands vaisseaux : mais c'estoit seulement pour auoir leu des vers qui en parloient : & comme il ne sçauoit rien de la mer, n'ayant iamais rien veu de naual, sinon des potage de naueaux. Vne fois venant à parler de la bataille de Lepante, il dit que Lepante fut vn More extrémement vaillant & belliqueux.

Apres luy s'en vint mon conducteur, auec lequel i'estois allé en queste : il auoit le nez cassé, les yeux pochez, la teste toute enueloppée de
drappeaux

drappeaux & torchons saigneux, & fort couvert de graisse & de potage. Nous luy demandasmes d'où venoit vn si grand desordre, & il nous dit qu'il auoit esté à la soupe des Peres de l'Oratoire, & qu'il auoit demandé double portion, faisant entendre que c'estoit pour quelques pauures honteux, qui n'osoient tesmoigner leur necessité, & qu'on auoit refusé le potage à d'autres mendiants, pour luy donner; de sorte que les autres irritez, l'auoient suiuy & surpris en vn détour où il engloutissoit toute sa soupe. En mesme temps, ils luy coururent sus, luy demandant si c'estoit bien fait d'oster la vie aux autres pour assouuir sa gourmandise, & de propos en autres, qu'ils estoient venus aux mains & aux coups de bastons; tellement que le pauure Caualier fut accablé d'vne gresle de bois, qui l'auoit

Q

mis en cet estat, & que le mal qu'il auoit au nez, estoit d'vne écuelle à soupe, qu'on luy auoit fait sentir de trop prés : que se voyant en vn lieu si perilleux, il leur auoit crié plusieurs fois qu'il vomiroit tout ce qu'il auoit mangé, & qu'on ne le battit plus, mais qu'ils furent inexorables. Et ce qui luy fit le plus de dépit à ce qu'il nous conta, ce fut qu'aprés auoir esté si mal traité au second seruice, vn certain fripon d'Ecolier luy vint faire vn entremets de mille poüilles : voyez vn peu cét Archigourmand, ce maistre chifonnier plus entortillé de guenilles qu'vne poupée d'enfant, plus percé qu'vn crible, plus rapetacé qu'vne pie, & plus taché qu'vn iaspe, & neantmois il veut faire table à part, il a honte de manger auec nous : Pour moy ie suis Maistre és Arts en l'Vniuersité de Sigoüença, & ie ne suis pas si glorieux que luy. Il nous dit encore, qu'à cette clameur vn vieillard arriua, disant : il faudroit assommer ce maraut-là, ie veux bien qu'il sçache qu'encore que ie vienne à la marmite de ces bons Peres, ie suis pourtant de grande lignée, & que i'ay des parens aussi bien qu'vn autre. Mais le portier qui distribuoit la soupe, voyant que l'orage alloit recommencer, fit tant par ses mielleuses & deuotes paroles, qu'il les appaisa & les diuisa tous, leur promettant renfort de potage pour le lendemain, que chacun seroit content.

Suitte du recit des piperies des Cheualiers de l'Industrie: comme ils sont tous mis en prison, & Buscon auec eux.

Comme il nous acheuoit ce beau recit, vn autre des camarades entra auec vn bon manteau qu'il auoit troqué sans retour contre le sien qui ne valoit rien, dans vn ieu de billart, où il auoit fait semblant de se vouloir mettre d'vne partie; & cóme il auoit l'industrie de ne se lier en pas vne, il s'en retournoit à la perche où estoient tous les manteaux, entre lesquels il choisissoit tousiours le meilleur, & enfiloit la venelle: & pour ce sujet, il frequentoit les boulles, & autres lieux de berlans. Mais cela ne fut rien, au prix de l'arriuée d'vn autre des Confreres qui vint accompagné d'vne infinité d'enfans qui avoient des escroüelles, des dartes, des chancres, des bleſſures & diſlocations de bras. Le ſujet qui les attiroit apres luy, étoit qu'il feignoit de guerir & de charmer ces maux-là, par le moyen de certaines paroles & eſcriteaux qu'il donnoit à porter, & par ainſi gaignoit beaucoup : car ſi le mal n'aportoit quelque choſe ſous le manteau, que le poulet ne criaſt dans le ſac, ou que l'argent ne ſonnaſt dans la pochette, ſon mal deuenoit incurrable. Il faiſoit croire tout ce qu'il vouloit, car il étoit induſtrieux en la menterie : elle luy eſtoit ſi naturelle, qu'encore qu'il n'y penſaſt pas, il luy eſtoit impoſſible de dire iamais vray : ſon paſſe port, pour entrer par tout, eſtoit vn *Deo gratias*; le ſainct Eſprit ſoit auec vous. Tous les outils des hypocrites étoient touſiours auec luy, il auoit vn grand chapelet aux mains, & vne discipline penduë à la ceinture qu'il faisoit passer comme par negligence par dessous son manteau, laquelle étoit émaillée de sang, non pas du sien, mais de celui de la boucherie. Il faisoit que les poux luy seruoient de silice, & prenoit la faim canine pour vn ieune volontaire. Quand il disoit le demon, Iesus nous en deliure: il baisoit la terre en entrant aux Eglises; iamais il ne leuoit les yeux aux femmes, & ne se soucioit que de leuer leurs cottes. Aussi il abusoit si subtilement le peuple, que chacun se recommandoit à lui, & cela valoit autant que de se recommander au diable.

Apres luy, voicy entrer vn autre confrere appellé Polanque, faisant vn grand bruit: il demanda sa besace, sa grande Croix, sa barbe d'Hermite, & sa clochette. Cettui-cy alloit la nuict auec cet equipage, criant par les ruës, Amadez-vous, souuenez-vous de la mort, & faites du bien aux ames des fidelles trespassez; & par ainsi attrapoit force argent. Il entroit hardiment dans les maisons qu'il trouuoit ouuertes; quand il n'y rencontroit personne, ou qu'on fut endormy, il n'en sortoit point qu'il ne s'accommodast de ce qu'il pouuoit emporter: & s'il trouuoit quelqu'vn, ou qu'on s'éueillast: il disoit qu'il venoit aduertir qu'on auoit laissé la porte ouuerte, & qu'on se gardast des mauuaises gés, & toujours souuenez-vous qu'il faut mourir, mes enfans.

Ie demeuray l'espace d'vn mois à remarquer toutes les diuerses manieres de desrober de mes confreres: mais quand ie leur fis le recit du chapelet enfilé d'or, que i'auois escroqué à mes courtisanes, ils ne peurent cesser de loüer mon industrie: & enfin il fut conclu que la vieille le prédroit pour le vendre, & qu'on mettroit l'argent au tresor commun. Quand elle auoit quelque chose à vendre comme celle-là, elle alloit par les maisons, disant qu'elle étoit vne pauure fille necessiteuse, contrainte de se défaire peu à peu de ses besongnes pour auoir du pain; & lors qu'elle rencontroit de bonnes gens charitables, comme il y en a, elle remportoit ses bagatelles, & de l'argent quant & quant, que ces personnes pieuses lui donnoient. Elle pleuroit à chaque pas, & croisoit les mains l'vne dans l'autre, en soûpirant & sanglotant & en appellant chacun mon enfant, tâchoit d'émouuoir la compassion pour attirer la charité; elle estoit affublée d'vn sac de gros drap de poil gris, qui venoit d'vn Hermite des costes d'Aliale, qu'elle auoit dépoüillé. Cette bonne personne-là estoit la gouuernante du troupeau *Industrieux*, & celle qui l'entretenoit de repetasses. Mais le Diable qui n'est iamais oisif pour les choses qui touchent ses bons vassaux, voulut vn iour, qu'en allant en vne maison pour vendre ie ne sçay quel habillement & qu'elle autres hardes, il s'y trouua vn homme qui reconnut certaine chose qui lui appartenoit: Il s'en va soudain querir vn Officier de Iustice, comme pourroit estre vn Commissaire du Chastelet de Paris, & la fit mener en prison, où la pauure mere Lambruche, car elle s'appelloit ainsi, confessa plus qu'on n'en vouloit sçauoir : Elle nous accusa tous, & declara l'Industrie des pauures Caualiers. En suite de cela, on nous vient trouuer, & la malheureuse bande fut honnestement conduite en la prison, sans que *l'Industrie* les pust garantir.

―――――

Du traitement que Buscon receut dans la prison : les delits, la misere, & la malice des prisonniers : la tyrannie & mangerie des Geolliers, & autres Officiers : & enfin la deliurance de Buscon.

Nous n'eûmes pas plustost passé le guichet, que l'on nous mit les entraues aux pieds, & les bracelets aux poignets, & puis on nous enfonça dans vn cachot : Quand ie vis qu'on m'alloit loger en vn si infame appartement, ie me voulus preualoir de l'argent que i'auois en reserue pour me garentir de cette misere : ie tiray donc vn escu d'or que ie montray au Geollier, en luy disant que i'auois vn mot à lui dire en secret, il vint incontinent au leucre: Ie suis homme qui sçais connoistre vne courtoisie: à bon entendeur salut, luy dis-ie. Il y a long-temps qu'il est sorty, me respond-il, feignant que ie lui demādasse nouuelle de quelque prisonnier. Ie reconnus à l'instant sa subtilité: il me laissa donc dehors, & deualà mes camarades dans ces espouuantables cauernes. Ie ne fais point icy mention de la huée qui fut faite sur nous en passant par les ruës. Veritablement il y auoit à rire de nous voir: car la violence dont les Sergens & les Archers nous menoient, en nous tiraillant & poussant, détachoit & décousoit toutes les pieces, plustost bastie que consuës, qui composoient le tout de nos habillemens, si bien que les ruës estoient toutes jonchées de lambeaux & de guenilles qui tomboient de dessus nous. Et combien qu'il y eust fort peu de distance, du lieu où nous fusmes pris iusques à la prison, il y eut tel de nous qui y arriua si nud, que les records ne sçauoient plus par où nous tenir. La nuict venuë, on me mit dans vne grande salle qu'on appelloit la commune. Ie fus estonné de voir ce meslange d'hostes inconnus : les vns se couchoient dans leurs fourreaux, les autres chantoient, tel jouoit, tel autre se pourmenoit ; enfin on vint éteindre la lumiere & fermer la porte sur nous.

Il me fut impossible de dormir dans vne si grande confusion, & ce qui me pensa faire enrager parmy tant de disgraces, ce fut qu'il se trouua qu'auprés du cheuet de mon lict, il y auoit vn tronc, où chacun des hostes venoit faire ses offrandres, & de liurée des prisonniers qui faisoient vn grand tintamarre en sortant ; si bien que dans cette obscurité, & ignorant d'être si mal étable pour mon argent, ie crus que c'estoit des coups de tonnerre : mais à la fin, mon nez deuina le fait. Cela m'importuna & m'empuantit si fort, que ne pouuant plus tenir ma teste dans le lict ie pris cet infect garde-manger, & le iettay au trauers de la commune, afin que chacun fust embaumé de ce parfum. Aucuns de la compagnie qui se trouuerent plus delicats que les autres, se leuerent, & se mirent à crier qu'ils étoufoient de puanteur, & qu'il falloit assommer cét impudent qui auoit fait vne action de si mauuaise odeur. En cét instant, le Geolier s'éueillant, & craignant que ce ne fust quelque-vns de ses pigeons qui s'enuolassent, accourut armé auec tous ses guichetiers, & ouurit la salle. Il s'informa du sale cas, chacun m'accusoit, & ie m'excufois tant qu'il m'estoit possible: mais à la fin ce bon Geollier pensant que ie luy donnerois encore vn autre écu, pour estre deliuré de la criaillerie de cette canaille, me commanda de me leuer & de le suiure; à quoy i'obeïs promptement, resolu de souffrir tout, plustost que de debourcer vn sou. Ie m'en vais donc auec luy ; & estant hors de cette salle, il me menaça de me mettre dans vne grande basse fosse limoneuse, parmy les clauportes, & les crapaux, pour me punir de l'outrage que i'auois commis: Il faut prendre patience, luy dis-ie: & voyant que ie n'auois point de paroles dorées, il me fourra dans le cachot, où esteient les malheureux *Industrieux*, où ie passay le reste de la nuict, sans sçauoir auec qui ce méchant fourrier m'auoit logé.

Le iour venu, qui entroit là par vne meurtriere, nous nous enuisageasmes tous du mieux que nous pusmes, & nous estant reconnus, nous deplorasmes nostre malheur : Alors on nous sortit de là, car on ne nous y mettoit que la nuict. Vn des guichetiers nous vient demander le droit du nettoyement, sur peine des anguillades: ie ne sçauois pas ce que ce terme-là signifioit, ie croyois que les couleuures nous deussent manger, mais on me dit que c'étoient des grands coups de ceinture, qu'on donnoit à tort & à trauers sur ceux qui étoiét paresseux de mettre la main à la bourse. Moy qui estois vn peu delicat, ie donnay vistement 6. reales: & mes côpagnons qui n'auoient point d'argent, furét remis pour la nuict. Il y auoit là vn grand borgne de fort mauuaise mine, qui portoit de grandes moustaches, large d'espaules, qui à mon aduis auoient esté scarifiées de la main du Medecin qui guerit de toutes maladies en public. Cettuy-cy estoit plus chargé de fers, qu'il n'y en a dans les mines de Biscaye, car ie ne vis iamais de si grosses chaisnes que les siennes, ny de si gros ceps & manotes. On l'appelloit le Geant, il disoit qu'il étoit là pour des choses qui n'estoient que du vent. Ie croyois que ce fust pour auoir fait quelques mauuais souflets, cornemuses, balons, ou esuentails : & quand on lui demandoit si c'estoit pour cela, il disoit que non, mais pour des pechez retournez. Ie m'imaginois qu'il fust fripier, & qu'il eust vendu des habits retournez pour des neufs ; mais à force de m'enquerir, ie trouuay que c'estoit qu'il auoit fait l'amour du genre masculin. Il étoit si furieux, & si redoutable, qu'il falloit que le Geollier comme prudent

dent & bien auisé, donnast des culottes armées de pointe de fer, comme les colliers des chiens de parc, à tous ceux qu'il logeoit où étoit ce diable-là, & s'il n'eut point été enchaisné, personne n'eust osé peter ny vessir auprès de lui, de peur de luy faire ressouuenir où étoit la region des fesses. Cettuy-cy estoit associé auec vn autre homme de bien comme lui, qui disoit être prisonnier pour auoir trop de dexterité & pour auoir pesché de la main sans la moüiller, & m'estant enquis vn peu curieusement de ce qu'il vouloit dire, i'appris qu'il auoit des mains de harpie qui hapoient tout ce qu'il trouuoit. On me dit qu'il n'y auoit point de méchant cheual en toutes les postes du Royaume, sur qui l'on eust tant vsé de foüets que dessus luy, parce que tous les

R

bourreaux y auoient fait espreuue de leurs mains: on ne pouuoit pas parler de ses oreilles en pluriel, il auoit tant de balafres recousuës sur le visage, que s'il eust fallu iouër au point contre luy, vn flux n'y eust rien fait, ou vne neufiesme majeur.

Outre ceux-cy, il auoit encore quatre hommes, à qui la Iustice auoit fait grace; car elle les auoit sauuez de la branche, pour les condamner à la rame. Ils disoient que dans peu de iours ils se pourroient vanter d'auoir seruy le Roy par terre & par mer. Tous ces honnestes gens là, mécontens de ce que mes compagnons n'auoient rien contribué pour le nettoyement, comme i'auois fait, ordonnerent que la nuict suiuante ils auroient les anguillades, mais viuement, auec vne corde qui estoit dediée à ce passe-temps-là. Quand la nuict fut venuë, nous fusmes encoffrez au dernier recoin de la maison: on esteignit la lampe, & moy qui euentois la mesche, ie me fouray dessous le marche-pied de planches où estoit mon lict. Alors vn des corrompus commença à sifler, & vn autre à sangler des coups de corde. Les bons Caualiers mes confreres, qui s'apperçeurent aussi du jeu, firent comme moy, & se serrerent de si pres l'vn contre l'autre, qu'ils sembloient estre des punaises dans les mortoises d'vn chaslit. Cependant la corde frappoit sur les aiz, sans que personne se mist à crier: & les fripons s'aperceuant que nul de nous ne se plaignoit, & que les coups frapoient en vain, quitterent les cordes & commencerent à ruër des pierres & des tuilleaux qu'ils auoient de reserue, dont le pauure Don Tormio fut attaint sur le chinon du cou, qui luy fit vne enflure de deux bons doigts de haut ; alors il commança à crier qu'il estoit mort, & les meschans matois se mirent en mesme temps à chanter tous ensemble, & à faire bruire leurs fers, de peur qu'on n'oüist les voix des complaignans. Le pauure affligé, pour se cacher, tiroit les autres, & eux pour se sauuer de pareilles attaintes, se fourroient au plus profond : & cela faisoit crier leurs os comme des cliquettes de ladre. Ce fut en ce desordre-là, que les habillemens furent acheuez de dépecer. La gresle de pierres & de tuillaux ne cessoit point pour cela, tellement que le malheureux Torriuio, qui estoit exposé aux harquebuzades, fut tout meurtry, & se voyant sur le point de mourir martyr, sans rien tenir de saincteté ny de bonté, cria qu'on le laissast sortir de là dessous, & qu'il payeroit le droit, & donneroit ses habits en gage; car il aymoit mieux demeurer au lict, plustost faute d'habit, que de santé. Les autres voulurent entrer dans le traité de paix, mais quelque diligence qu'ils sçeussent faire, ils auoient desia le crane aussi mol que pommes cuites, des coups de pierre qu'ils auoient receus. Neantmoins il y eut trefve pour le reste de la nuict. Le iour venu, on les somma de se dépoüiller suiuant la conuention faite; mais quand ce vint à l'execution, il se trouua que la plus grand piece de leurs habits, n'eust pas esté propre à faire vne semelle de bas de chausse. On ne laissa pas pourtant de les mettre à nud, non pas pour faire profit de leurs dépoüilles, mais pour les faire sentir vn autre tourment.

Comme ils furent despoüillez, il leur falut seruir d'vne seule couuerture pour cacher leur vergongne, & lors ils commencerent à sentir vne demangeaison insuportable, car pour comble de misere, on les mit coucher au lieu où la racaille des prisonniers auoit accoustumé d'éplucher leur vermine ; si bien qu'ils furent incontinent hapez des quatre graines, qui enrageoient d'vne faim canine, pour auoir trop long-temps ieusné, & n'eussent fait qu'vn déjeûné de mes infortunez confreres, s'ils n'eussent promptement ietté leur couuerture loin d'eux, & se couchant sur le ventre, se couurir de leur fesses, en detestant & maudissant leur desastre, & se déchirant à beaux ongles à force de se gratter.

Pour mon regard, ie sortis de cét espouuantable lieu, & les priay de m'excuser si ie prenois congé d'eux, veu qu'estant si bien accompagnez, ma presence ne leur pourroit estre qu'inutile. Ie m'accostay de nouueau du Geollier, & luy chatoüillay encore la paume de la main auec vn peu d'or potable, contre la resolution que i'auois faite. Il me dit le nom du Greffier qui auoit les informations & nostre procez entre les mains : ie l'enuoyay querir par vn valet de la prison : il vint, & nous nous tirasmes à part, pour deuiser vn peu sur ma iustification. Au commencement, ie luy trouuay vn visage couuert de reuesche, mais quand ie luy eus declaré que i'estois homme capable de recompenser vn bon office qu'on m'auroit rendu, il deuint plus doux que mal-voisie, & plus souple qu'vn gand de Vendosme. Ie luy mis donc deux pistoles dans les mains, le priant de fauoriser ma liberté, à la charge d'autant ; que i'estois vn ieune Caualier sans experience, &c. Monsieur, c'est assez dit, me repond-il, ie vous entends bien : voyez vous Monsieur, tout le bien & le mal d'vne affaire despend de nous, & faut aduoüer que quand nos Offices tombent entre les mains de personnes qui n'ont pas l'honneur ny la conscience en recommandation comme moy, il se fait beaucoup de meschancetez : nous formons les procez comme nous voulons : les Iuges n'ont pas tant de pouuoir que nous, car ils ont beau dire entr'eux, & dans leurs sieges, nous faisons des coups d'amy en nos barreaux, quand il est question de mettre les Arrests ou Sentences en forme: mais c'est assez dit, laissez faire à George. Il me dit adieu, & estant auprés de la porte, il revient tout court à moy: J'ay encore vn mot à vous dire, dit-il, auec vne trongne refrongnée; il y a des jazeurs à qui il faut fermer la bouche auec des morailles d'argent: quand vous donneriez quelque chose au Sergent, il ne seroit pas perdu, lors qu'il faudra que Monsieur le Preuost entende parler de vostre affaire, il pourra dire quelque mot à la trauerse qui ne vous nuira point: tenez Monsieur le Greffier, luy dis-ie, voila encore vne pistole, pour émouuoir sa bonne volonté.

Il baise la main & la prend, mais en recompense, il me dit que ie redressasse le colet de mon manteau qui estoit de trauers; que i'vsasse de tizanne, & me fisse saigner, pour guerir de la toux, que i'auois gaignée dans les humiditez de la prison: & m'ayant expedié cette excellance Ordonnance, il s'en va. En mesme-temps, ie donnay vne demy pistole au Geollier qui m'ôta les fers, & me permit de prendre accez chez lui, où ie beuuois & mangeois en bien payant.

Au bout de quelques iours, nôtre procez fut presenté au Iuge, par la diligence de ce conscioncieux Greffier. Nôtre pauure vieille, & tous mes camarades furent condamnez à faire ensemble vn tour de ville, & à vne pourmenade de 6. ans hors de la patrie: Et moy par la grace dudit sieur Greffier, mon innocence fut iustifiée, & ie sortis absous des cas imposez.

Buscon deuient amoureux de la fille de son logis: feint d'être Magicien pour paruenir à son dessein, & la disgrace qui luy arriua.

EStant hors de la prison, ie me treuuay tout seul & abandoné de mes amis, qui batoient la cápagne: on me donna bien aduis qu'ils étoient allez à Seville par le chemin de la Charité, mais ie ne les voulus pas suiure. Ie m'allay reposer dans vne Hostellerie, pour me refaire vn peu du mauuais temps que i'auois passé. Ie trouuay là vne fille d'assez bonne mine, blanche, blonde, affetée, fretillarde, & esueillée;

elle parloit vn peu gras, & cela ne luy sieoit pas mal ; elle auoit peur des souris, elle se piquoit d'auoir de belles mains, & faisoit souuent semblant de se demanger au front, afin d'y porter la main pour la faire voir : elle seruoit & tranchoit la viande estant à table; en compagnie elle ostoit fort souuent ses gands, & les remettoit, ou attachoit & destachoit quelque espingle de sa coiffure : si elle joüoit, c'estoit tousiours aux eschets ou aux dames, parce que ce sont des occasions pour monstrer les mains : à toute heure elle faisoit semblant de baailler pour faire voire ses dents, & de sa main faisoit des signes de croix sur sa bouche : elle rioit aussi à pareille intention.

Ie fus honnestement receu là dedans ; on me logea dans vne

chambre auec deux autres hostes, dont l'vn estoit Portugais, & l'autre Catalan. D'abord, ie iettay les yeux sur cette fille, qui ne me sembla pas mal propre à la delectation, ny la commodité trop difficile à rencontrer, parce que nous estions elle & moy en mesme logis. Pour cet effet, ie recherchay tous les moyens dont ie me pus auiser, afin de me rendre complaisant à sa mere aussi bien qu'à elle : Ie luy faisois des contes que i'auois étudié pour diuertissemens ; ie lui forgeois des nouuelles, car elle estoit coquette, quoy que vieille, & luy rendois plusieurs petits seruices. Et parce que i'auois reconnu qu'Annette étoit curieuse, ainsi s'appelloit cette fille, ie lui fis accroire que ie sçauois des enchantemens comme étant à demy Magicien : que ie ferois que la maison sembleroit abîmer, & tantost toute en feu: que ie férois dancer tout le monde, & s'entrebattre aussi, selõ que son humeur le desireroit, & vne infinité d'autres galanteries (& toutes menteries) qu'elle crût aisément. Et ajoûtant à cela quelques petites liberalitez de collations, goûters & d'autres petits presens que ie faisois auec intention d'vser de represailles, sur ce que ie trouuerois de plus propre à m'emparer quand ie serois venu à bout de mes pretentions, ie m'insinuay insensiblement aux bonnes graces d'Annette, & de sa mere.

Le Portugais qui estoit vn des hostes, mouroit d'amour pour Annette, & s'efforçoit de l'enflamer en souspirant aupres d'elle, plus que ne fait vne Bigotte en vn Sermon de Caresme: mais au lieu de l'échauffer, il ne faisoit que la morfondre : C'estoit la creature du monde la plus maussade, la plus melancolique, & la plus avaricieuse ; il faisoit pot à part, & jeûnoit la triolaine, car il ne mangeoit que de trois en trois jours, & encore, d'un pain si dur, que les dents les plus aiguës de la mesdisance n'y eussent sçeu mordre : il se piquoit de vaillance, mais s'il eust pondu des œufs, c'eust esté une poule parfaite, car il estourdissoit tout le monde de son caquet. Il n'estoit pas pourtant si mal habile-homme, qu'il ne reconnust bien que je prenois force privautez avec Annette, & pour essayer à me traverser, il entreprit à se railler de moy, & m'appeler pouilleux Narquois dépouillé, tantost veillaque, & tantost poltron ; On me raportoit tout cela, & quelquefois ie l'entendois de mes propres oreilles, mais ie ne faisois pas semblant de rien ; au contraire, ie l'amadoüois & le flatois tant qu'il m'éstoit possible, craignant que si nous fusions venu aux mains il s'en fust ensuiuy du scandale, qui nous eust peut-estre tous deux obligez de sortir le logis, & par ainsi ie n'eusse rien obtenu, & la dépence de mes collations & de mes presens eust esté perduë.

Cependant, ie ne perdois point de temps à pourchasser ma bonne fortune aupres d'Annette, si bien que ie pris vne si grande familiarité auec elle, qu'elle me permit de luy écrire mes amoureux ressentimens d'ont i'estois inoy-mesme le porteur. Elle prenoit vn extreme plaisir à receuoir mes lettres & mes poulets,

poulets, c'estoit vne viande dont elle n'auoit iamais gousté, comme n'estant pas de condition assez releuée, tellement qu'elle estoit rauie de se voir honorer des respects & des loüanges dont ie la traitois. Mes lettres commençoient ordinairement par ce stile vulgaire: *J'ay pris la hardiesse: Vostre grande beauté: Les flames qui m'embrazent: Les soleils de vos yeux:* & la fin étoit tousiours pleine de soubmissions en tel cas requises; ie me disois, l'esclaue de ses esclaues, la butte & le blanc destiné pour receuoir les coups de ses traits, & tous cela estoit enuironné de fermesses, & de cœurs lardez de fléches, & par ainsi nous vinsmes à vn tel point, que nous ne parlions plus que par tu & toy.

Neantmoins, parmy tous ces libres accez, ie ne pouuois l'aculer : mais en fin, voyant qu'elle estoit autant ambitieuse que curieuse, ie luy dis vn iour en grande confidence, que ie sçauois vn secret d'importance que la Magie naturelle m'auoit apris, pour se faire aymer de telle personne qu'on voudroit, & que i'auois vne si vehemente passion pour son auancement & sa fortune, que ie luy enseignerois, si elle le vouloit reconnoistre de quelque faueur. Cette proposition luy fit ouurir les oreilles : mais pourtant elle estoit assez fine, pour ne se pas laisser attrapper à ces simples paroles : Qu'elle recompense en voudriez-vous, me dit-elle en riant, il iroit trop du mien de donner vne faueur sur vn si mauuais gage : mais si vous me voulez faire qulque ouuerture de voſtre ſecret, ie verray apres ce que i'auray à faire. Ie trouuay ſa réponce aſſez aduantageuſe pour moy, car vne ville qui parlemente ainſi, eſt à demy renduë. Ie luy promis de luy donner tout le contentement qu'elle pourroit deſirer en cela, & que ſi elle me vouloit entendre deuiſer là-deſſus, qu'il falloit que ce fuſt en particulier & à loiſir. L'impatience qu'elle auoit auſſi bien que moy, ne lui fit pas prendre plus de delay que l'attente de la nuict ſuiuante : A vne heure apres minuit, me dit-elle, nous en deuiſerons à la feneſtre de ma chambre, quand tout le monde de ceans ſera retiré & endormy : car ſi vous eſtes ſi adroit & ſi ſçauant, vous trouuerés bien moyen de deſcendre à ma feneſtre, par la galerie qui eſt au deſſus de ma chambre, où répond la

S ij

vostre. A dieu, cela vaut fait, luy dis-ie.

Desirant donc éprouuer ma destinée, ie me tins prest à l'heure dite: mais le Diable qui est subtil, voulut estre de la partie, si bien que comme ie me mis en deuoir de me glisser par dehors la galerie, pour aborder la fenestre d'Annette, le pied me manque, ie tombay à la renuerse sur le toict d'vne maison voisine, où demeuroit vn Greffier, qui n'estoit pas amy de mes hostesses. La cheute fut si grande, que ie rompis toutes les tuiles, qui firent vne forte impression dans mes costes. A ce bruit-là, i'éueillay le chat qui dormoit, dont mal m'en prit, car i'experimentay à mon dam, la verité du prouerbe. Le Greffier commença à crier au larron, & en mesme temps, accompagné d'vn sien frere & de deux Clercs il monte sur le toict, & moy qui voyois cela, ie me voulus cacher derriere vn tuyau de cheminée, mais ce ne fut qu'augmenter ma peine; car m'ayant aperceu, ils se vindrét ietter sur ma pauure friperie, & me penserent assommer. Apres cela ils me lierét, sans qu'aucune excuse me pust seruir. Annette voyoit bien tout ce desordre, mais elle croyoit que ce ne fust que des illusions, & que cela se fist par enchantement pour la faire rire, tellement qu'elle ne faisoit que dire, c'est assez, c'est assez. Cependant i'estois tousiours entre les pates de ces diables incarnez. I'auois beau dire que ie logeois chez leur voisin, qui respondroit que ie n'estois point larron; ils ne s'en faisoient que moquer. Ie me mettois à genoux deuant eux, mais point de mercy. Pour conclusion, ils me traisnerent dans vne caue, & me laissant sur des fagots, m'enfermerent là iusques au iour, qui toutefois ne tarda gueres à venir, car ma disgrace arriua sur les deux heures apres minuit, c'estoit aux grands iours d'Esté.

Il est deliuré de la peine où il étoit tombé. L'inuention dont il vse pour sortir de son logis sans payer.

Considerez vn peu la cruelle infortune. Ie me proposois de dérober seulement quelques faueurs amoureuses, & me voila pris en qualité de voleur. Ie passay la nuict auec des inquietudes d'esprit qui me faisoient mille fois plus de

mal que ma cheute, ny les coups
que i'auois receus: car bien qu'ils
fussent excessifs, ie ne sçauois par
quelle industrie ie pourrois sortir
d'vn si effroyable labyrinthe. Le
iour venu, mon Greffier me fait tirer de la caue, & amener deuant lui.
Il cōmença à m'examiner, & me reprocher le vice du larcin, où il parut
fort eloquent: car il entendoit tres-
bien le mestier. Cependant Annette desabusée de la creance de mes
charmes, aduertit sō pere & sa mere
de mon infortune, leur donnant à
entédre, qu'en voulant faire deuāt
elle vn tour de disposition & de l'art
de voltiger sur le bord de la gallerie, i'estois tombé chez leur voisin,
qui m'auoit pris comme voleur, &
nō pas comme voltigeur. Elle pria
quant & quant les deux hostes, le
Castillan & le Portugais, d'aller

S iiij

rendre tesmoignage de ma probité & preud'hommie. Mais ils ne furent pas plutost entrez, que le Greffier commença à dégainer l'épée de sa plume, & les prendre pour complices du larcin pretendu. Le Portugais ne pouuant souffrir cet affront là, se mit à le mal traitter de paroles, disant que pour son regard il estoit Gentil-homme de la maison du Roy: & pour moy que i'estois vn homme d'honneur, qu'il auoit tort de croire que i'eusse eu dessein de le voler: & en mesme temps s'en vint me deslier. Le Greffier qui se trouua tout seul chez luy, n'eut recours qu'à ses cris ; mais quoy qu'il sçeust faire, ie fus mis en liberté. Le Greffier vayant que personne ne le venoit secourir, fut contraint de ceder à la force, & de lascher la proye. Cette violence là, dit-il, vous pourroit bien coûter cher: Au moins, dit-il (voyant que nous en allions) donnez quelque chose pour mes tuilles qui ont esté cassées. Ie connus bien ce que cela vouloit dire: ie tiray huict reales de ma cachete, & les luy donnay. I'estois alors si liberal, que volontiers ie luy eusse rendu les coups de baston qu'il m'auoit baillez auec interest: mais pour ne pas arriuer que ie ne les eusse eus, ie les emportay auec moy, en rendant mille actions de graces au Portugais & au Catalan, qui m'auoient rachetez d'vn si notable peril.

Quand nous fusmes rentrez dans le logis, le Catalan se gaussoit de mon auanture: tantost il demandoit en ma presence combien valoit la charge de bois, tantost que la proprieté estoit grandement recommandable, & qu'il faisoit bon faire secoüer ses habits, qu'ils en duroient dauantage. A la fin ie me sentis si offencé de ses moqueries, & d'autre costé si obligé à son assistance, que pour trouuer vn milieu entre ces extremitez, ie me deliberay de faire vne éclipse, & de sortir du logis : & quant & quant trouue inuention de ne rien payer du logement, ny de ma despence de bouche, qui montoit assez haut: car ie disois que les frais que i'auois faits en colations & presens, m'en auoient bien acquitté. Il n'y auoit que mon valizon qui me mettoit en peine, d'autant qu'il me le falloit emporter sans qu'on s'en apperceust. Ie communiquay mon dessein à vn certain dessalé d'escolier que i'auois cognu en Alcala, lequel accompagné de

de l'Auenturier Buscon.

deux certains personnages de ses amis, & de deux hommes qui portoient vne chaire couuerte, pour me transporter sans scandale, & aussi parce que ie ne pouuois marcher, s'en vint la nuict en ce logis, & demandant l'hoste & l'hostesse, leur dit qu'il estoit enuoyé de la part de l'Inquisition, & qu'il ne faloit point faire de bruit, parce que le secret estoit necessaire en cette action. Voila la frayeur qui les saisit, s'imaginant que i'estois accusé de magie, comme ie leur auois dit que ie m'en meslois, si bien qu'elles demeurerent muettes. Mais quand il fut question d'auoir mon valizon, ils rompirent le silence & commencerent à demander des gages de ce que ie leur deuois : mais les mattois respondirent que c'estoit des biens de l'inquisition, laquelle estoit soluable pour leur faire raison de leur deub. La crainte & le respect leur empescha de repliquer, ils me laisserent emporter mon bagage, en regrettant mon malheur, & disant qu'ils auoient tousiours apprehendé, comme il estoit aduenu.

Buscon se fait medicamenter, est griefuement malade: l'entretien qu'il a auec son hostesse, de laquelle il fait vne description: il est pris de la Iustice comme son galant: fait le mestier de belistre mendiant, où il amasse force argent, puis s'en va à Tolede.

ME voila donc hors des griffes du Greffier, & des belles mains d'Annette : mais à faute de

m'estre fait saigner & medicamenter apres ma cheute & les coups
que le Greffier m'auoit donnez, ie
me sentois si debile, que ie ne me
pouuois quasi soûtenir; de sorte que
pour me reposer apres tant de fati-
gues, ie m'en allay prendre logis à
vn autre bout de la ville fort loin de
là, chez vne bonne femme qui me
receut fort courtoisement, car ie
ne fis pas semblant d'estre indis-
posé, elle ne m'eust pas voulu
loger. Ie demeuray là pres d'vn
mois griefuement malade, où ie
depençay presque tout l'argent
que i'auois de reste de la succession de mon pere. Vn iour que ie
commençois à entrer en conuales-
cence, enuiron sur les six heures
du matin, comme ie me réueillois
d'vn songe de la mort, excité des

pensées des maux que i'auois endurez, ie voy mon hostesse à mon cheuet, qui me pensa faire éuanoüir de peur : car ie croyois veritablement que ce fût la mort mesme. C'estoit vne grande femme seiche, qui pouuoit auoir quelque soixante ans : son visage estoit de couleur de boüis, & aussi ridé que l'écorce d'vn vieux chesne : elle tenoit tousiours vn chapelet à la main, dont elle grommelloit perpetuellement, comme vne chate que l'on caresse : Elle auoit vne grande renommée dans le quartier, comme vne femme qui faisoit plaisir à plusieurs, parce qu'elle se mesloit de beaucoup de Mestiers ; tantost elle faisoit des mariages, & tantost des maquerelages ; elle prestoit à interest & sur bons gages ; sa maison n'estoit iamais vuide de gens; elle estoit fort adroite à enseigner aux fillettes qui pretendoient à la profession Courtisanne, comment il falloit porter le voile sur le visage, & qu'elle partie estoit auantageuse à découurir: A celles qui auoient les dents blanches & bien rangées, elle conseilloit de rire tousiours: mesme aux occasions où il falloit pleurer: elle donnoit aduis à celles qui auoient les mains belles de toucher souuent à leur voile, afin que la noirceur fist mieux poroistre la blancheur: d'oster le gand à tout moment, & de le remettre quant & quant: elle instruisoit celles qui auoient de beaux cheueux, de porter des moustaches comme les hommes, pour les faire voir, & donnoit aussi des preceptes pour mouuoir les yeux, selon qu'on les auoit grands ou petits.

En matiere de fard, elle y estoit si sçauante, que telle qui eust esté noire comme vn corbeau, elle la rendoit si blanche, que son mary ne la reconnoissoit plus quand elle retournoit chez luy. Mais le mestier où elle estoit tres-experte, c'estoit à racoutrer les pucelages ebrechez, sans qu'il y parût defaut quelconque. En huit iours seulement que ie fus chez elle, ie luy veis exercer toutes ces sciences. Elle apprenoit outre cela comment il falloit attraper le ioyau du galant : aux petites filles, par galanterie & par maniere du ieu : à celles qui estoient plus auant en aage, par faueur : & aux vielles, par recompense. Elle montroit la methode qu'il falloit obseruer, pour demander de l'argent monoyé, ou des bagues & des pierreries. I'ay fait tout ce recit pour cit, pour vous émouuoir à compaſſion, en conſiderant en quelles mains i'eſtois tombé, & afin de vous faire mieux peſer les propos qu'elle me tint, qui commencerent par ces paroles, car elle ne parloit que par prouerbes.

Mon fils, à touſiours prendre & ne rien mettre, il n'y a ſi gros tas qui n'apetiſſe: De telle poudre telle bouë: de telles nopces, telles tartes. Ie ne te comprens point: ie ne ſçay pas ta maniere de vie: tu es ieuſne, & c'eſt pourquoy ie ne m'eſtonne pas de ce que tu te laiſſe emporter aux desbauches, ſans prendre garde qu'en dormát nous allons au cimetiere. Comme âgée que ie ſuis, & experimentée, ie te puis admoneſter: Qu'eſt ce à dire cela? On m'a dit que tu as dépencé beaucoup de biens à mille badineres, & qu'on t'a veu en cette ville, tantost Escolier, tantost galefretier, & tantost Caualier, selon les occasions & les compagnies que tu as frequentées. O mon enfant, dis moy auec qui tu as vescu, & ie deuineray tes habitudes: chacun auec son pareil: apprens mon amy, que bien souuent la soupe se respand entre l'escuelle & la bouche. Hé! lourdaut que tu es, si les femmes te faisoient naistre quelques desirs, où estois-ie, ne me connoissois-tu pas? ignorois tu ma suffisance en telle affaire sans t'amuser à rauder, tantost auec vn gueux, & tantost auec vn autre, pour quelque infame canaille de palefrenier? mais il falloit que l'habillement fust complet, & que les chausses fussent de mesme le pourpoint. Si tu te fusse recommandé à moy, ie te respons que tu aurois espargné force pistoles que tu as consommées mal à propos, car il ne t'eust rien cousté; ie ne me soucie pas de l'argent, & mesme ie ne te demanderois iamais rien de celuy que tu me dois, pour ton logement, si ie n'en auois besoin pour acheter quelques herbes, & chandelle, dont i'ay affaire pour vn œuure que i'ay commencée. Elle auoit vn peu de commerce dans le sabat.

Quand elle eust acheué son discours, & que ie vis que tout ce grand preambule ne tendoit qu'à me demander de l'argent que ie luy deuois, ie luy dis que ie serois fort marry d'estre cause par ma nonchalance qu'elle manquast de moyen de venir à bout de ses ouurages si necessaires à la republique; & comme ie luy contois l'argent que ie luy deuois, mon infortune qui se souuient tousiours de moy, & le Diable qui ne m'oublie pas, s'associant ensemble, voulurent qu'on la vint prendre, accusée de faire concubinage auec vn certain malheurex homme, qu'ils sçauoient estre dans le logis. Voyez vn peu la belle fortune. Ils entrerent droit dans ma chambre, & me trouuant au lict, & elle aupres de moy, ils creurent que ie fusse le galant ; en mesme temps ils ferment la porte, & venant à moy me prennent par le bras, me tirerent fort rudement hors du lict, & me traisnerent par la chambre, car ie ne pouuois me soustenir sur les iambes. Cependant deux autres Diables, tirailloient ma pauure hostesse, & la qualifioient de maquerelle & de sorciere.

de l'Auenturier Buscon.   295

Au tintamarre de ces Sergens & recors, & aux cris que ie faisois, l'amant de cette Vrgande, qui estoit à la chambre proche la mienne, pensant se mettre en lieu de seureté, sortit en fuyant, ayant oüy que ie disois qu'ils me prennoient pour vn autre qui estoit dans la maison, & les Sergens l'aperceuant coururent apres, & l'attraperent. Ils les lierét tous deux ensemble, & les menerent en prison, m'ayant auant que sortir, demandé pardon de l'outrage qu'ils m'auoient fait, puis ils me laisserent là. Ie demeuray encore enuiron huict iours dans cette maison, entre les mains des Barbiers, sans pouuoir marcher qu'auec des potences, & pour dernier comble de misere, ie n'auois plus d'argent, car les cent reales qui m'estoient restées, furent em-

T iij

ployées à me faire penser : de sorte que de peur de mourir de faim là dedans, il me fallut deliberer de sortir de la maison sur les potences, & vendre ce peu d'habillemens que i'auois sur moy, qui estoient encore assez bons. De cet argent là i'en achetay vn vieux colet de marroquin, vn pourpoint de toile de chanvre neufue, vn meschant caban rapetacé, & ayāt mis des vieux sacs de cuir & drapeaux autour de mes iambes, affublé ma teste du capuchon du caban, vn crucifix de bronze pendu au col, & vn grand chappelet à la main, ie m'en allay pourchasser mon auanture. Le reste de l'argent prouenu de la vente de mes habillemens, ie le cousis dans mon pourpoint. Ie pris vn ton de voix dolente, pour esmouuoir le monde à compassion ; & de cette sorte là ie me mis à exercer le mestier de la besace, d'où il ne vient pas quelquefois vn mauuais reuenu, quand on le sçait faire valoir. Ie m'estudiois à vser de paroles extraordinaires pour mandier : Fidelles Chrestiens, disois-ie, seruiteurs de Dieu, ayez pitié de ce pauure corps accablé de playes & d'infirmitez, & qui supporte patiemment sa douleur. Voilà comme ie parlois les iours ouurables : mais aux Festes, ie changeois de langage : La foy sans la charité est inutile, disois ie, Ame deuotes enuers Dieu, qui est la mesme charité, & par le merite de Marie, cette grande Princesse, & cette Reine des Anges, donnez l'aumosne à ce pauure mutilé & affligé de la main du Seigneur : puis en laissant aller vn profond souspir, ie faisois vne grande pause : car cela est important à l'action. Helas! disois-ie apres, vn air corrompu est tombé sur moy, en trauaillant pour gaigner ma vie, qui m'a mis en la misere où vous me voyez: car i'ay esté aussi sain que vous, mais loüé soit Dieu. Auec cette methode-là, les doubles & les sous pleuuoient (dans vn vieux cu de chapeau que ie tenois) presque aussi dru que la gresle, & lors ie me repentis que ie n'auois plustost pratiqué la vie belistre, dans laquelle ie trouuay inuention de m'accoster d'vn vieux gueux auec qui ie me logeay, qui estoit corrompu & subtil au mestier, s'il y en eut iamais au monde, & qui pouuoit estre le Recteur du College des coquins. Cettuy-cy auoit vne hergne artificielle, qui estoit aussi grosse qu'vne boule à iouer aux quilles : il se serroit le bras par en haut, auec vne corde, & faisoit paroistre vne de ses mains comme enflée, & enflammée tout ensemble, il se couchoit par terre, & laissoit sortir la fausse hergne hors de ses chausses, & mettoit sa main en repos sur vn petit oreiller, disoit d'vne voix fort lamentable, Considerez mes amis, la misere & l'infirmité qu'il plaist à Dieu de faire souffrir à vn pauure Chrestien. S'il voyoit passer vne femme ; belle Dame, disoit il, la grace de Dieu vous accompagne. Il y auoit telle laide, qui se plaisoit à passer où il estoit, combien que ce ne fust pas son chemin, afin d'auoir le contentement de se faire appeller belle. Si quelque traisneur d'espée passoit deuant luy, il l'appelloit Capitaine: si de quelque autre condition il l'appelloit Caualier: s'il voyoit passer vn carosse il vsoit des termes de vostre Seigneurie: si quelque Ecclesiastique, il le faisoit incontinent Monsieur l'Abbé: en fin il expedioit prôptement des lettres de toutes sortes d'offices à peu de frais par autruy; mais dequoy il tiroit pourtant vn grand tribut. Comme ie me vis enuiron trois cens francs que i'auois gaignez en moins de six sepmaines, & que i'auois repris toutes mes forces ie me deliberay de quitter la Cour, & de m'en aller à Tolede, où ie n'estois connu de personne. I'acheté vn habillement gris, & me garnissant d'vne épée, ie pris congé de mon camarade gueux. I'auois le courage trop haut, pour m'arrester d'auantage en ceste co-

De l'Auanturier Buscon.

quine de vie : & apres luy auoir dit adieu, ie pris le chemin de Tolede.

Il se met d'vne compagnie de Comediens : deuient amoureux de la femme d'vn de ses compagnons : est quasi assommé sur le theatre, & pourquoy : Comediens gaussez : la disgrace qui arriue à la compagnie : Buscon se fait Poëte, puis il renie le mestier.

AV premier giste que ie fis, ie trouuay vne compagnie de Comediens qui alloient à Tolede, ils menoient 3. charettes auec eux, & ma bonne fortune voulut qu'vn de ces gens-là auoit esté mon compagnon lors que i'allay estudier à Alcala, lequel auoit renoncé aux liures pour s'enrooller en cette vie libertine. Ie luy communiquay le dessein que i'auois fait de quitter la Cour, & d'aller aussi à Tolede; & apres les embrassades ordinaires en telles occasions, il fit tant auec ses compagnons, qu'ils me permirent d'aller auec eux. Quand il fut question de partir, ils me firent contribuer pour ma part en la despence des cheuaux, & par ce moyen ie montay dans le chariot. Ils estoient tous ensemble pesle-mesle, les hommes auec les femmes, entre lesquelles i'apperceus vne fort belle qui estoit baladine, & qui representoit les Reynes & les Princesses des Comedies, qui me donna dans la visiere. Il arriua que ie pris place aupres de son mary, sans sçauoir à qui ie parlois, porté d'vn desir amoureux & aueuglé de cette femme: Sçauriez-vous point, luy dis-ie, comment on pourroit faire, pour negocier auec ceste marchande là, & mettre vne vingtaine d'écus dans le trafic, car elle me sembloit fort belle. Il ne me sieroit pas bien, me respond-il, de vous en enseigner les moyens, car ie suis son mary : mais ie vous diray, cet argent-là seroit fort bien employé en sa marchandise, car à parler sans passion, ie vous puis asseurer qu'il n'y a pas au monde vne chair plus delicate, ny plus belle, qui soit d'humeur plus folastre qu'elle. En disant cela, il sort de ce chariot-là, & se va mettre dans vn autre, peut-estre pour me fauoriser les moyens de parler à elle. Ie trouuay ce procedé là fort plaisant, & reconnus, comme il disoit, qu'il n'auoit point de passion. Voulant donc ioüir de l'occasion, ie m'accoste d'elle, ie la cajoiay le plus gracieusement que ie pus; elle me demanda où i'allois; elle s'enquit de mon bien & de ma condition: enfin, apres plusieurs paroles, les œuures furent remises à Tolede, pour les faire plus commodement. Nous allions gayement par le chemin, & par rencontre, ie me mis à reciter vn certain personnage d'vne comedie, & de S. Alexis, que i'auois representé estant petit garçon: car on ne fait quasi en Espagne, que des Comedies de pieté, tant ils sont bons Catholiques: ie fis ce recit auec vne si bonne action, qu'ils me demanderent si ie voulois entrer en leur compagnie: & pour m'en donner plus de desirs, ils me dirent force loüanges de la profession; & moy qui auois desia tant d'affection pour cette ieune femme, ie me sentis grater par où ie me demangeois, si bien que ie m'engageay à demeurer auec eux pour deux ans, nous en fismes vne obligation bien signée & attestée ; & puis il me donnerent mes personnages & mes rooles à étudier : & cependant nous arriuasmes à Tolede, où ie me fis admirer comme vn des plus suffisans du theatre.

Nous entreprismes vne Comedie qui auoit esté composée par vn de la trouppe ; & ie fus grandement estonné de voir que les Comediens fussent Poëtes, car ie pensois qu'il n'y eust que les hommes doctes & sçauans, qui se meslassent de cet art là : mais i'apris qu'au temps qui court, la pluspart des Acteurs composent des Comedies. Le temps est bien changé : car il me souuient qu'il n'y auoit autresfois que l'excellent Leope de Vega qui en écriuit. Nous representasmes donc cette Comedie, qui fut autant mal ordonnée qu'elle estoit mal faite: tellement que personne n'y pust iamais rien comprendre, & chacun s'en alla fort mescontent. Le lendemain le Compositeur croyant l'auoir bien reformée, nous obligea de la iouër encore: Dieu voulut pour moy qu'elle commençoit par vne guerre, & que i'entray sur le theatre armé de cuirasse, d'vne salade, & d'vne rondache: car sans cela i'eusse esté assommé à coups de pierres & de bastons qu'on me ietta. Iamais on ne vid vne telle tempeste. Et en effect, la Comedie meritoit bien ce payement là, car elle changeoit vn Roy de Normandie en Hermite, sans rime, ny raison,

raison, & faisoit entrer deux laquais pour vn plaisant intermede, & puis pour demesler les intriques, il se faisoit vn mariage general de tous les personnages; mais nous eusmes bien ce qu'il nous falloit. Nous nous mismes tous à gourmander & blasmer nostre Poëte mal éclos; & moy, luy remonstrant à quel danger il nous auoit exposez, il me dit qu'il n'y auoit rien du sien en la Comedie, sinon les changemens d'vne chose deuant vn autre, dont il auoit fait vn manteau de pieces raportées, & que tout le mal venoit de n'auoir pas esté bien cousuës & retraites ensemble. Il me confessa que tous les Comediens qui composoient des Comedies, estoient obligez à restituer, car ce n'estoit que des larcins qu'ils faisoient à autruy,

& qu'il n'y auoit point de Comediens qui peussent faire vn seul vers autrement. Cet artifice-là ne me semble pas impertinent, aussi me print-il enuie de m'en seruir, car ie me trouuois vne certaine inclination à la Poësie, veu aussi que ie cognoissois quelques Poëtes, & que i'auois leu Garcilaso, vn ancien Poëte Espagnol; tellement que ie me deliberay de me ietter sur l'art, & par ainsi, auec l'accez voluptueux que i'auois auec la Comedienne, & le gain que nous faisions, ie passois doucement la vie; car nous amendasmes nos fautes passées, & fismes des Comedies d'importance, où ie gaignay beaucoup de bonne reputation, & encore de meilleur argent. Nous n'auions pas seiourné vn mois dans Tolede, que i'auois desia fait profit de trois bons habillemens ; & mesmes il se trouua d'autres compagnies de nostre mestier, qui me vouloient desbaucher pour aller auec eux. Ie faisois desia l'entendu dans la Comedie: ie me disois des plus fameux, ie reprimois leurs gestes & leurs accents: on me demandoit mes aduis pour les ornemens des theatres, & pour faire les feintes: si quelqu'vn nous venoit à presenter quelque Comedie nouuelle, il falloit que ce fust moy qui l'examinast: de sorte que ie pris tant de vaine gloire de ma suffisance, que ie me mis à rapetacer des rimailles, & en peu de iours ie deuins Poëte, & fus assez audacieux pour composer vne Comedie, par le moyen de laquelle ma reputation fut tellemét augmentee, que ie n'auois pas assez de mains pour escrire des vers ; on ne voyoit que processions de fous amoureux qui me venoient trouuer, pour se confesser de l'estat de leurs amours, & me prier de leur composer, les vns des chansons sur l'absence, les autres sur les desdains, d'autres sur la ialousie, & ainsi du reste, selon la diuersité de leurs passions: mais chacune de mes pieces auroit son prix particulier. Il est vray que ie faisois bon marché, afin d'attirer de la chalandise. Or vne fois, en escriuant vne Comedie, il m'auint vne chose la plus plaisante du monde, & encore qu'elle soit à ma honte, ie ne veux pas laisser de la vous raconter. Il faut sçauoir que quand la fureur poëtique me saisissoit, ie me pourmenois par ma chambre, & recitois mes vers aussi haut, & auec la mesme vehemence, que si i'eusse esté sur le theatre: & vn iour à l'heure de midy, comme la seruante de l'Hostellerie où i'estois logé, montoit le degré, qui estoit fort estroit & obscur, tanant deux plats l'vn sur l'autre, l'vn de potage, l'autre de viande, qu'elle m'apportoit pour mon disner, i'estois sur vne description de la chasse aux bestes feroces, & sur l'imagination d'vn homme qu'vn Ours auoit atterré, & comme si effectiuement c'eust esté moy-mesme, ie me mis à crier effroyablement.

Sauue, sauue toy de cet Ours,
Si tu ne veux finir tes iours,
Ie suis en piece dechiré
Pour ne m'en estre retiré:
Sauue, sauue toy, ie le voy
Qui s'en va se ietter sur toy.

La pauure fille fut si effrayée de ma clameur & de mes paroles, qu'elle creut que veritablement ie l'aduertissois de se sauuer, de peur d'estre deuorée. La grande haste qu'elle eust de s'enfuyr, la fit rouler sur les degrez, & les plats apres elle, & s'en va dans la ruë toute descoiffée, crier qu'il y auoit vn Ours dans la maison qui estrangloit vn homme; moy qui entendit cette rumeur, ie sors de ma chambre pour desabuser la pauure fille : mais quelque diligence que ie pusse faire, ie trouuay desia dix ou douze voisins à la porte, auec des pertuisanes, des espieux & hallebardes, qui demandoient tous eschauffez où estoit cet ours; ie leur contay l'occasion de la terreur panique de cette seruante, & leur recitay les vers qui les auoient tous mis dans cet alarme. Ils furent honteux de leur esmotion, & pour se vanger ils donnerent le Poëte & la Poësie à tous les diables. La diette qu'il me fallut faire ce iour-là, sans besoin, me fit bien plus de mal que leur malediction : il me fallut dire graces auant le *Benedicite*. Mes copagnons en ayant eu les nouuelles, en penserent composer vne farce : toute la ville en fut abreuuée, comme de plusieurs autres disgraces qui m'auindrent tant que ie perseueray dans ce malheureux estat de Poëte. Peu de temps apres, il arriua vn autre accident, qui fut ressenti de tous les membres de la compagnie, car il s'adressa au chef. Le maistre de la bande se trouua engagé en quelques debtes à des Frippiers qui luy auoient vendu des habillemens & autres vtensiles seruant à son mestier, & n'en peuuans estre payez, ils luy firent mettre la main sur la fraize, qui fut gauderonnée à la confusion, & le constituer prisonnier, où il demeura fort long-temps: car vne infinité d'autres creanciers le vindrent arrester pour leur deub, le faisant serrer encore plus étroitement: & par ainsi tout nostre pauure corps fut démembré, & chacun fut contraint de prendre party ailleurs; Il se trouua bien d'autres troupes qui ne demandoient pas mieux que de m'attirer auec eux, mais i'estois déja las de la profession, & ne m'y étois mis que par necessité.

Buscon fait confidence auec vn des Comediens, & s'en vont ensemble à Seuille. Il deuient amoureux de la fille d'vn marchand fort riche. Ils entrent pour seruiteurs domestiques chez elle. Les admirables feintes, déguisemens, & subtiles inuentions dont Buscon se sert pour obliger cette fille à l'aymer; & enfin son mariage auec elle: qui est vne agreable histoire.

ME voyant donc assez bien couuert, & enuiron mille francs en bourse, ie fis confidence auec ce Comedien qui m'auoit introduit dans la compagnie, qui s'appelloit Alistor, homme de courage, & qui n'auoit pas mauuais esprit: nous deliberasmes ensemble de courre le païs, & d'aller à Seuille, auec dessein estant là, de changer d'habit & de condition, & de contrefaire les Caualiers pour frequenter plus librement les Academies de ieu, & essayer à faire valoir l'intelligence que nous auions auec les cartes & les dez. Nous achetasmes chacun vne bonne mule, & arriuasmes assez heureusement à Seuille, vne des plus belles citez d'Espagne, sans auoir rien débourcé de nostre argent, car il s'estoit trouué par le chemin des dupes que nous auions embarquez au ieu, & que nous sçeumes si bien plumer, qu'ils nous defrayerent. Peu de temps apres nôtre arriuée, nous vendismes nos montures, & nous mismes en l'équipage que nous nous estions proposés, où la Comedie nous auoit si bien ſtilés, que perſonne ne nous pouuoit prendre pour autres, que pour Gentilshommes. Nous commençaſmes donc à nous informer quelles compagnies il y auoit, & les lieux où elles s'aſſembloient: & pour en auoir plus de connoiſſance, nous nous promenions par la ville, & aprenions le nom des ruës, des maiſons, & des grands qui y reſidoient: mais il nous fallut bien-toſt changer de projet, car vn iour comme nous faiſions cet exercice, & que ie conſiderois vn baſtiment qui me ſembloit aſſez remarquable, i'apperceus vne ieune bourgeoiſe à vne feneſtre, doüée d'vne parfaite beauté, qui ne paroiſſoit pas auoir plus de quinze ans. Comme ie la contemplois, elle ſe retira, & moy ie paſſay outre. Alors m'adreſſant à mon camarade : Que dis-tu Alistor, as tu veu ceste Dame qui étoit à cette fenestre? Ouy, respond-il, ie serois fort marry de ne l'auoir pas veuë, car c'est vn visage digne d'admiration: & moy, luy dis-ie, ie voudrois ne l'auoir iamais regardée, car elle m'a rauy l'ame. Alistor pensant que ie parlasse par galanterie, se mit à me gausser, & à me dire que ie n'auois pas le goust depraué: on pourroit bien, disoit-il, se piquer d'vn moindre suiet: mas passons chemin, ce n'est pas viande pour nos oyseaux. Nous fismes encore quelques tours par la ville, & gaignasmes nostre logis, parce qu'il estoit heure de souper: mais estant à table, il fut hors de mon pouuoir de manger, ny de rien dire.

Quand l'heure de se retirer fut venuë, nous nous allasmes coucher; mais toute la nuict ie ne fis que souspirer & regretter ma condition, qui m'empeschoit de suiure mon inclination. Aliſtor qui auoit vn grand reſſentiment de ma peine, me promettoit des choses impoſſibles pour me consoler. Il ne faut, diſoit-il, que s'informer de ſa qualité & de ſon bien, & ſi c'ét quelque choſe qui merite d'employer l'induſtrie, quand nous y deurions perir, il faut tenter noſtre fortune.

Ie n'eſtois pas encore ſi aueuglé de paſſion, que ie ne connuſſe bien que ces projets-là étoient chimeriques; mais pourtant ils ne laiſſoient pas de m'alleger vn peu l'eſprit. Le iour venu, nous allaſmes enſemble en la ruë où i'auois laiſſé mon cœur & perdu ma liberté, à deſſein de nous enquerir qui eſtoit cette humaine divinité : On nous dit que c'estoit la fille d'vn riche Marchand qui depuis six mois estoit allé aux Indes, & que cette beauté là demeuroit en la garde de sa mere, & d'vn sien oncle, associé dans le negoce auec son pere : qu'elle s'appelloit Rozele, & qu'elle estoit recherchée de plusieurs Caualiers de Seuille, tant parce qu'elle estoit fille vnique d'vne maison extresmement riche, que parce qu'elle estoit aussi vniquement belle. Ce discours là me fit iuger que i'estois blessé à mort, & qu'il n'y auoit point d'esperance de guerison : Mais comme l'amour esueille l'esprit & suggere des inuentions, ayant apris qu'il étoit mort vn seruiteur, qui menoit & accompagnoit la mere & la fille, quand elles sortoient de la maison, & d'ailleurs, que l'oncle de Rozele avoit congedié le sien, ie me persuaday qu'Alistor & moy pouuions bien esperer d'entrer en leur place. Ie luy communiquay cette inuention, qu'il trouua fort à propos, & pour essayer à la conuertir en effet, il nous falut prendre des habits de moindre esclat que ceux que nous auions achetez. Nous pratiquasmes vn Tailleur, qui demeuroit aupres la maison de Rozele, & luy promismes deux pistoles pour son vin, s'il nous pouuoit faire entrer en la place vacante de ces deux domestiques. Ce Tailleur nous accorda ce que nous desirions, iugeant la chose assez facile, selon la belle deffaite dont nous estions: tant y a qu'il agit si dextrement, que peu de iours apres il nous mena dans le logis, & nous presenta à l'oncle de Rozele, lequel ayant consideré nostre mine, & apres nous auoir fait quelques legeres interrogations, nous arresta à son seruice pour y aller dés le lendemain.

Or afin de mieux conduire nostre artifice, nous auions aduisé Alistor & moy, que ie porterois vne camisole de Milan par dessous ma roupille, à laquelle seroit attaché l'Ordre de saint Iacques, auec vne coquille d'or, & la croix couuerte selon sa forme, laquelle seruiroit à faire croire que i'estois Cheualier de cét Ordre là, quand nous en verrions l'occasion propre. Le iour venu que nous auions promis à l'oncle de Rozele, nous ne manquasmes pas de l'aller trouuer. Il nous instruisit, & nous mit en possession du seruice qu'il desiroit de nous: en quoy depuis nous luy donnasmes tant de contentement,

comme

comme aussi à sa belle sœur, & à sa niepce, qu'ils loüoient à toute heure celuy qui nous auoit donné à eux. Pour le regard des autres seruiteurs, il nous fut aisé de gaigner leur affections, par le moyen de certaines petites liberalités que ie leur faisois (car la liberalité est la fille aisnée de l'amour) de façon qu'il n'y en auoit pas vn qui n'eust volontiers exposé sa vie pour nous. Nostre argent, qui montoit enuiron à mille francs, fut mis entre les mains d'vn marchand sans luy en demander aucun interest, mais à condition qu'il nous fourniroit des lettres de change en mon nom, de diuerses sommes, pourueu que le total n'excedât pas le principal. Le marchand accepta librement le party, voyant qu'il n'y auoit rien à hazarder, & nous donna tant de lettres de change que nous defirions, lefquelles étoiét acceptées de luy, pour receuoir les parties qu'elles contenoient, quád bon nous fembleroit.

Auec cette premunition, ie fis confidence tantoſt auec vn feruiteur, & tantoſt auec l'autre, en leur monſtrant comme en fecret ces lettres, auec priere expreſſe de n'en rien dire à perfonne, & par l'entremife des beuuettes que nous faifions auec eux, Aliſtor & moy nous maintenions noſtre intelligence. Ce Banquier marchand eſtoit connu de tous, & partant il nous eſtoit aifé de leur faire croire la verité: mais pour les eſtonner d'auantage, ie les menay fouuent auec moy, & en leur prefence ie receuois l'argent de mes lettres, ce qui eſtoit caufe qu'ils faifoient mille difcours en leur efprit, foupçonnant que i'étois quelque personne de condition, & ce qui leur en fortifioit dauantage l'opinion, c'estoit que de fois à autre Alistor me rendoit des respects comme de valet à maistre, & lors nous faisions semblant de croire que personne ne nous voyoit: il demeuroit nuë teste deuant moy, & si ie laissois tomber quelque chose, il la releuoit, & me la rendoit. Et parce qu'vne affaire n'est pas secrette, quand vn valet la sçait, il ne se passa gueres de temps que leur maistre n'en fust aduerti, comme nous le reconnusmes par les questions & le traictement qu'il nous fit depuis, sans toutefois nous pouuoir iamais surprendre en nos propos, car nous estions des dessalez: il ne tira de nous que ce que nous voulions qu'il sçeust.

Comme ie vis que ce soupçon là

m'estoit desia assez fauorable, ie commençay à rechercher des occasions de rendre seruice à Rozele: quand elle appelloit quelque seruiteur, i'estois toujours le premier qui me presentois; & cela fut si souuent reïteré, qu'elle y prit garde. Ie ne perdois point de temps à luy ietter des œillades amoureuses, dont ie sçauois merueilleusement bien l'adresse, pour l'auoir apprise dans la comedie: aussi le faisois-ie auec tant de dexterité, qu'elle me suprenoit à tout moment ayant les yeux sur elle. Enfin elle prit quelque intelligence de ma passion, & ne s'offençoit nullement de se voir aymée, tant s'en faut, elle souhaitoit que les opinions qu'ils auoient tous conceus de mon desguisement fussent veritables, & que ma qualité & mon bien se rapportassent à ma façon, à ma taille & à mes actions, afin de voir s'il y auroit apparence de receuoir les offres muettes de mes affections. En cette pensée elle fit toutes les diligences qui luy fut possible pour descouurir ce qui en étoit; elle faisoit prendre garde à ceux de dehors que ie pourrois frequenter, ie ne voyois qu'espions autour de moy, qui faisoient note de tous mes deportemens; & mesme elle entreprit de flater Alistor: mais il estoit si accort & contrefaisoit si naïuement bien l'innocent, qu'elle ne sçeut apprendre de luy autre chose, sinon, qu'encore que ie fusse de condition seruile, i'auois le cœur, le courage, & la vertu d'vn homme d'honneur.

Quand Alistor m'eust fait le recit de toutes les interrogatiós que Rozele luy auoit faites, ie m'aduisay de mettre par escrit, vne lettre que ie sçauois par cœur, pour luy imprimer tout à fait le creance que ie luy voulois donner de moy. Cette lettre estant assez industrieusement faite, ie la mis dans ma poche; & vn iour comme ie passois auprés de Rozele, ie la laissay tomber comme par negligence en tirant mon mouchoir. Elle ne l'eust pas plustost apperceuë, qu'elle l'amasse sans dire mot: (car elle auoit vn extréme ennui de me connoistre, & de sçauoir mes qualitez, & croyoit bien en apprendre quelque chose par cette lettre) & dés cet instant, impatiente de voir ce qu'elle contenoit, s'en alla vistement en sa chambre, où elle vid cette suscription, qui luy donna vne petite esmotion & fremissement de sang.

DOM FERNAND
Armindez de Mendoze,
Cheualier de l'Ordre
de S. Iacques.

Et l'ayant ouuerte, elle y vid ces paroles.

Vos aduersaires font des diligēces si exactes pour découir où vous estes, qu'il faut bien prendre garde à soy, quand on vous escrit : ils sont si puissans, qu'ils mettent des espions par tout où ils n'espargnent rien. C'est l'excuse legitime du silence que i'ay long-temps gardé : mais à present que Rodrico, qui sortant de page du Comte d'Arangol vôtre frere, s'en va aux Indes, ie l'ay chargé de ce mot, connoissant son zele & sa fidelité à vostre seruice. Vous sçauez donc que nous auons si dextrement mesnagé les approches du Roy par l'entremise de nos amis, que sa Majesté nous a donné vostre grace, à condition que vous la seruirez dix ans en Flandre contre les peuples reuoltez d'Hollande. C'est vne espece d'exil, mais nous esperons dans peu de iours que la faueur entiere nous sera faite, & que satisfaisant à la partie ciuile, vous porrez reuenir en vostre patrie. Contentez-vous de cela pour cet heure, on n'en peut pas tant obtenir à la fois, & vous asseurez que nous ne perdons point de temps, comme vostre frere vous le peut tesmoigner. Cependant, exercez toujours vostre vertu, en supportant patiemment ce déguisement de condition seruile, que vous auez choisie pour asyle, & esperez que la dureté de cette *vie là ne durera plus gueres, Dieu vous tienne en sa garde.*

De Vailladolid, &c.

DON IOSEPH PIMENTEL.

A mesure que l'innocente Rozele lisoit cette lettre, elle s'embarassoit insensiblement dans les filets que ie luy auois tendus; autant de mots qu'elle contenoit, c'étoient autant de pointes qui luy piquoient le cœur: elle se remet en la pensée toutes mes actions, les lettres de change, & les soupçons que l'on auoit de moy : & ayant confronté tout cela auec les discours de cette traistresse missiue elle fit place à l'amour, & luy donna libre entrée dans son cœur. Elle serre curiusement cet escrit: & ignorant le mauuais office qu'elle se rendoit à soy-mesme, elle s'en reuint au lieu où ie l'auois laissé tomber. En cet instant-là ie passay aupres d'elle, auec le respect que i'auois accoustumé de luy rendre, toutefois auec vn visage qui tesmoignoit vn grand mescontentement. Elle prenoit garde à tous mes mouuemens, & moy sans dire mot, ny faire semblant de rien, ie regardoit de toutes parts, comme feignant de chercher ma lettre. A la fin, quand Rozele eut bien consideré la peine où il luy sembloit que i'estois, elle me demanda ce que ie cherchois ; ie luy respondis plusieurs fois que ie ne cherchois rien. Non, non, dit-elle, vous estes en peine de quelque chose, dites-moy ce que vous auez perdu: Madame, c'est vne chose de fort peu de valeur, cela ne vaut pas le chercher; ce n'est qu'vn papier où il y a des vers qu'vn de mes amis a faits. Neantmoins en feignant de n'en tenir conte, ie faisois des gestes qui tesmoignoient si naïfuement vn grand desplaisir, que la pauure Rozele qui en auoit compassion, fut quasi sur le point de me rendre cette lettre : mais là dessus arriua compagnie dans la maison, qui l'obligea à se retirer, & me laissa là. Ie m'en vais aussi-tost rendre compte de tout ce qui s'estoit passé à Alistor, qui iugea que nostre affaire s'acheminoit fort bien. En effect depuis cette heure-là, Rozele me fit recognoistre qu'elle auoit presque autant de passion pour moy, que i'en auois pour elle. En tous les seruices dont elle auoit besoin, on n'appelloit iamais d'autre que Palinte, car ce fut le nom que i'auois pris en entrant seruiteur dans sa maison: elle ne prenoit plaisir qu'à deuiser & s'entretenir auec moy, & à me commander, & moy à luy obeïr.

La mere de Rozele ne se dondoit pas trop de peine à garder sa fille: elle la laissoit librement dans la maison sur sa foy: estant peut-estre fort asseurée de sa sagesse, pour s'en aller tantost à vne pourmenade, & tantost à vne deuotion, qui sert bien souuent de pretexte pour aller passer temps. Or vne fois que cette bonne Dame là étoit sortie du logis pour vn pareil sujet, i'arriuay de la ville: Alistor me vint ouurir la porte, & me dit, que Rozele étoit demeurée seule au logis, & qu'elle m'auoit fait appeler deux ou trois fois; qu'il croyoit qu'elle fust en la sale qui regardoit sur la porte, peut-estre pour me voir entrer. Vous me contez là d'agreables nouvelles, luy dis-ie, mais allons en nostre chambre auparauant que de luy aller parler, car il s'est décousu vne manche de ma roupille qu'il faut refaire. Nous entrons, i'apperçoy Rozele qui regardoit à trauers d'vne vitre de la salle, & toutefois ie ne laissay pas de passer outre, & de prendre le chemin de nostre chambre, sans luy donner à connoistre que ie l'eusse veuë, ny que i'eusse appris qu'elle m'eust demandé. Ayant fermé la porte de nostre chambre, Alistor m'oste ma roupille, & cependant ie me mets dans vne chaire pour me reposer, car i'estois las de cheminer. I'auois sur moy cette camisolle de Milan, enrichie d'or & d'argent, sur laquelle estoit cousu l'Ordre de saint Iacques, & comme i'estois en cette posture, i'entendis comme s'il y eust eu quelqu'vn à la porte qui regardast par la serrure: en mesme temps ie fis le signal que nous entendions Alistor & moy, pour l'obliger à me respecter quand l'occasion s'en presenteroit, & luy estant nuë teste, & tout debout deuant moy qui estois assis, ie luy tins ce langage ; Alistor, i'ay assez d'experience de ta fidelité & de ta valeur : tu sçais le seruice que i'ay voüé à Rozele, & la passion qui me tourmente à son sujet, que toutefois ie ne luy oserois découtrir, non plus que ma qualité, iusques à ce que mes affaire soient en meilleur terme. Mais de peur qu'elle ne s'embarque cependant en quelque affection, au prejudice des desseins que i'ay de la demander en mariage, il nous faut donner vne escarmouche à ces Caualiers, qui tous les soirs expriment leurs passions par la Musique ou la Poësie : Certes ie ne sçaurois plus les souffrir, il faut que ie les escarte d'icy, cela se pourra facilement faire sans scandale, car on ne se doutera iamais que ce soit nous.

En acheuant cette parole, ie me leue, & faisant quelques lentes démarches comme en me promenant & allant vers la porte, ie donnay loisir à Rozele de se retirer, car ie me doutois bien que c'estoit elle, ie connoissois son esprit curieux.

Elle qui auoit ouy tout ce discours, qui l'auoit mise en fort grande alarme, & desirant me détourner de la proposition que i'auois faite, me fit appeller: ie reprens ha-

bilement ma roupille, & m'en vais aprés elle au iardin où elle alloit: ie l'aborde, demeurant toufiours dans ce refpect que i'auois accouftumé: elle fe met fur vn fiege de gazons, & me commanda de m'affeoir aupres d'elle. Ie fus long-temps à faire des excufes & des foubmiffions refpectueufes, tefmoignant d'eftre tout confus & honteux de l'honneur extraordinaire qu'elle me faifoit. Vous en vferez comme il vous plaira, Seigneur Don Fernand, me dit-elle, vous eftes de condition pour donner la loy par tout où vous eftes. Ha Dieu! dis ie alors auec vn grand foufpir, & me retirant deux pas en arriere fort effrayé; Non, non, dit-elle, cela ne fert plus de rien, vous eftes reconnu: nous fçauons bien qui vous eftes, vous auez beau vous déguifer, vous
auez

auez trop d'esclat pour demeurer si long-temps inconnu. Mais nous auons grand sujet de nous plaindre de vous, d'auoir souffert que nous vous ayons tant donné de sujet de vous mocquer de nos naïfuetez, & ne vous auoit pas traité comme vostre qualité le merite; toutefois puisque vous estes cause de la faute, vous la trouuerez plus excusable.

A mesure qu'elle parloit, ie faisois d'autant plus l'estonné. Moy, Madame, luy dis-ie : Ouy vous Monsieur, respondit elle, tenez, tenez, voila le tesmoin qui nous a descouuert vostre desguisement, voilà la lettre que vous perdistes auâthier, qui vous mit tant en peine. Disant cela, elle me donne cette lettre qui auoit fait vn si bon effet. Ie la pris en leuât les épaules, & auoüant que i'estois descouuert. Apres plusieurs complimens de part & d'autre, elle me pria de luy conter le sujet de mon déguisement: & lors ie luy fis le recit d'vn discours que ie sçauois par cœur, qui m'auoit seruy à cajoller Annette la fille de mon hostesse.

Vous sçaurez Madame, que ie seruois vne Dame de la Cour plustost par galanterie, que par aucune amoureuse passion, & à laquelle en mesme temps vn des plus illustres Caualiers d'Espagne faisoit la Cour: mais combien que ses merites fussent incomparables, il ne peut iamais pourtant obtenir vne seule petite faueur d'elle, & toutefois elle en estoit fort liberale en mon endroit, sans le meriter, parce que ie ne l'aymois pas. Ce Caualier entra en ialousie contre moy, & me vint trouuer vne nuict comme ie parlois à elle par vn treillis d'vne fenestre de sa maison. Il m'attaque sur le lieu mesmes; & encore qu'il fust fort vaillant, & accompagné de gens de courage, il eust du malheur, car il demeura sur le carreau: sa mort espouuenta si fort ses suiuans, qu'ils abandonnerent là le corps: ils s'enfuirent, & nous laisserent le champ de bataille, & la victoire quant & quant, à Alistor & à moy. Et parce, comme ie vous ay dit, que c'estoit vn Seigneur de qualité, & en la mort duquel le Roy se sentoit interessé, il me fallut éuiter les atraintes de la Iustice, & me sauuer deguisé en cette ville. Deux iours apres nostre arriuée comme ie m'allois promenant par les ruës, ie passay deuant cette maison: vous étiez alors à la fenétre, où vo⁹ paroisY ij siez telle que vous étes, comme vne diuinité dans vn Ciel. Dés ce moment là ma liberté me fut rauie, & me fut impossible de viure hors de vostre adorable presence. De sorte que pour donner quelque allegement à ma passion, ie recherchay toutes les inuentions dont Amour me peut instruire, pour estre receu chez vous en qualité de seruiteur domestique: & ie rends graces à ma bonne fortune de ce qu'elle m'a gratifié de cet honneur-là: car quád ie ne serois pas trouué digne de vous posseder par la permission des loix, ie m'estimeray tousiours fort glorieux d'auoir seruy vne si belle maistresse en qualité de valet. Sans cet artifice-là ie n'eusse iamais peu vous aborder, & m'eust fallu mourir sans espoir d'aucun secours: ma qualité vous eust obligée à trop de retenuë : la ceremonie m'eust donné mille empeschemens ; & parmy tout cela ma vie eust esté en grand hazard; car peut estre que la Iustice se fust saisie de moy, & tout ce que i'eusse pû attendre de mieux, estant descouuert, c'eust esté de m'absenter de la ville : mais quel supplice? i'eusse mieux aymé mille fois souffrir tous ceux où la rigueur de la Iustice m'auroit pû condamner, que de me resoudre à quitter le lieu de vostre sejour. Mon dessein estoit d'attendre chez vous, & dans ce glorieux seruage, que mes amis eussent appaisé le courroux du Roy, & qu'il me fust permis de vous declarer mon nom & mes intentions : mais puis que le Ciel a deuancé mes esperances, en vous descouurant qui ie suis, ie prens aussi la hardiesse de vous découurir ma passion: vous coniurant de recevoir l'offre que ie vous fais de mon cœur, & de tout ce que ie possede d'honneur & de biens dans le monde.

Il ne me fut pas beaucoup difficile d'accompagner ce discours de souspirs: car veritablement ma passion estoit grande. Rozele m'escouta auec des demonstrations d'vne si grande tendresse d'amour, que i'auois quasi regret de la tromper comme ie faisois. Monsieur, me dit-elle, si vos ressentimens sont aussi veritables que vous le sçauez bien representer, ie me puis reputer la fille la mieux fortunée qui fut iamais de ma condition, me voyant honorée d'vne telle recherche que la vostre: & pour tesmoigner que ie suis toute disposée à contribuer tout ce qui me sera possible pour voſtre contentement, & pour l'auantage qui m'en peut auenir, ie vous donne aduis, que le retardement de ce que vous deſirez, ne ſera limité que du temps que vous differerez à me demander à ma mere & à mon oncle, à qui mon pere a donné vn pouuoir abſolu en cet affaire. Diſant cela, deux roſes vermeilles parurent ſur ſes iouës, qui augmenterent infiniment ſa beauté, & adjoûterent quant & quant vne nouuelle ardeur à mes flammes.

Voyant donc Rozele ſi bien priſe au piege que ie luy auois tendu, ie la priay de donner connoiſſance de mon nom & de ma conditiō à ſa mere, afin d'auancer le temps, & qu'apres cela ie ferois le reſte des diligences neceſſaires. Comme nous eſtions ſur ce propos, ſa mere arriua: & Rozele autant impatiente que moy, s'en va la trouuer & luy fit vn ample recit de tout ce qu'elle auoit apris: dequoy la mere fut si transportée de ioye & d'estonnement, qu'elle s'en alla incontinent trouuer son beau-frere, pour aduiser comment il falloit proceder pour me faire les excuses des fautes de ne m'auoir traité selon ma qualité. Ce beau frere fut d'auis, que le soir quand ie serois retiré en ma chambre, ils me viendroient faire les offres de leur seruice & me prier de parnonner à leur ignorance. Ils le firent ainsi: & dés cette heure là de seruiteur que i'estois, ie fus declaré l'hoste & l'amy de la maison, & logé dans vne belle chambre & bien meublée. Apres toutes ces ceremonies, ie les priay de ne me point descouurir à leurs amis & parens qui les venoient visiter, & de me nommer de quelque autre nom que le mien.

Il se passa prés d'vn mois depuis que ie fus conuerty de valet en Caualier, durant lequel temps ie receus mille courtoisies de mes hostes & tiray quant & quant plusieurs honnestes faueurs de Rozele. Sa conuersation, & le respect que ie luy portois m'auoit rendu parfaitement ciuil; car iamais ie ne m'esmancipay de luy rien demander, ny d'entreprendre que ce qui estoit licite, afin de ne point violer les loix sacrées de l'hospitalité; ce qui augmentoit beaucoup la creance que Rozele auoit de ma noblesse & de ma Cheualerie dissimulée. Mais de peur qu'vn malin esprit, ou quelque fortune aduerse ne vint ruiner le bastiment de ma fortune que i'auois esleué si haut, ie feignis d'auoir receu vne lettre de la Cour, où l'on me mandoit que le Roy m'auoit donné pleine liberté de retourner chez moy, & qu'il estoit necessaire que ie m'en allasse à Vailladolid, où la Cour residoit alors, pour remercier sa Majesté. Au recit de cette nouuelle, toute cette famille me tesmoigna vne allegresse generale de l'heureux succés de mes affaires, & entr'autres, la pauure Rozele. Et lors animant mon visage & mon action d'vne graue modestie, ie leur dis que ie ne pouuois pas mieux recognoistre les courtoisies dont ils m'auoient obligé, qu'en faisant alliance auec eux, & conuertissant nos affections en parenté, par le moyen de Rozele que ie leur demandois en mariage. Ie n'eus pas plutost declaré cette intention, que l'oncle & la mere craignans que cette parole me fust plutost sortie de la bouche, que d'vne meure deliberation, & que ie ne prisse party ailleurs, me prirent au mot sur le champ, sans en demander aduis à aucun de leurs parens, ny s'informer plus exactement de mes biens, & de ma personne; de sorte qu'ayant eu permission de l'Euesque, sans faire nulle publication des Bans, ie fus marié à l'adorable Rozele, & par ainsi ie contentay ma passion, & fis ma fortune quant & quant, car on m'asseura de cent mille francs pour le dot de Rozele, sans l'esperance de succession de ses pere & mere dont elle estoit seule heritiere.

Me voyant donc dans la possession d'vne si belle femme & d'vne si grande richesse, ie me resolus de mesnager mon bon heur, & de faire desormais profession d'honneste homme, pour satisfaire aux obligations que i'auois à Rozele. En ce dessein ie consultay auec Alistor, des moyens que nous tiendrions pour nous retirer de Seuille, & emmener ma femme: car en tout cas il la falloit tirer d'auec sa mere, de peur qu'auec le temps venant à descouurir mes ruses, elle ne trouuast moyen de m'oster sa fille & son bien. Apres plusieurs aduis, il fut conclu qu'Alistor s'en iroit deuant à Vailladolid, auec tout ce qui nous restoit d'argent, & loüeroit vne maison & la meubleroit le mieux qu'il luy seroit possible.

Cela fut ainsi executé: & quand il m'en eut donné aduis, ie persuaday l'oncle & la mere de Rozele, qu'il estoit à propos que ie l'amenasse à Vailladolid, pour estre reconnuë de mes parens, & principalement du Comte de ···, que ie disois estre mon frere, afin que l'esclat de sa beauté (comme ie leur faisois entendre) excusast la faute dont la vanité de mes parens me pourroit accuser, de m'estre allié à vne lignée de moindre condition que la leur. L'oncle & la mere trouuerent cette proposition tres iuste & tres-raisonnable, & là dessus nous demeurasmes tous d'accord que les cent mille francs du mariage de Rozele seroient mis entre les mains d'vn Banquier, qui nous en deliureroit des lettres de change, sur vn autre de Vailladolid ; comme il fut fait. Et pour donner encore plus de couleur à ma noblesse, ie priay l'oncle de se charger de ces lettres ; car il vouloit accompagner sa niepce, & venir auec nous pour connoistre plus amplement mes parens & mon bien. Apres cela, Rozele prit congé de sa mere, à laquelle ie promis de luy ramener sa fille dans deux mois, ou bien la venir querir pour la mener voir nostre mesnage.

Nous fismes nos adieux, & arriuasmes à Vailladolid, dans la maison qu'Alistor auoit fort proprement & commodément preparée, en laquelle l'oncle de Rozele fut fort bien logé. La nuict suiuante, apres auoir tesmoigné des excés d'amour à Rozele, ie luy descouuris la naïfueté & la verité de l'industrie dont ie m'estois seruy pour paruenir au point où i'estois arriué. D'abord elle fut grandement estonnée, mais elle auoit vne affection si passionnée pour moy, & ie m'eſtois rendu ſi complaiſant & ſi agreable à ſes humeurs, qu'elle n'en teſmoigna nul meſcontentement; elle fut incontinent reſoluë, & meſme elle m'enſeigna les moyens de m'emparer de ſon bien, qui eſtoit entre les mains de ſon oncle.

Il ne faut pas, me dit-elle, que mon oncle découure ce que vous auez fait, que vous n'ayez auparauant retiré nos lettres de change qu'il a. Il eſt donc à propos que vous l'alliez trouuer deuant qu'il ſoit leué, accompagné de voſtre fidelle Aliſtor, & que vous luy diſiez que vous eſtes entré en quelque diſpute auec voſtre frere ſur le ſujet de noſtre mariage, lequel il croit auoir eſté fait par vne paſſion amoureuſe; & qu'il vous a reproché que i'eſtois pauure & de baſſe extraction: & que pour eſſayer à le contenter, attendu que vous en esperez du bien, vous le priez de vous bailler ces lettres de change, pour luy monstrer que ce n'est pas seulement la consideration de ma beauté, ou de mes perfections qui vous a touché, mais aussi le bien & l'auancement que vous en receuez. Ie ne pense pas qu'il en fasse refus, car ce pretexte est assez specieux: toutefois il faudra que vous ayez chacun l'espée au costé, afin de luy faire peur & les tirer par force, s'il en est besoin : cela est assez aisé, puis qu'il est chez vous: puis apres sans perdre de temps il vous en faut aller trouuer le Banquier à qui elles s'adressent, & les luy faire accepter sur le champ.

I'admiray sa subtilité & la force de son esprit: apres luy auoir baisé & rebaisé les pieds i'allay promptement

ment executer tout ce qu'elle m'auoit dit, où ie reüssis fort heureusement: son oncle me donna librement toutes les lettres, & le Banquier les accepta, & mesme deliura dix mille francs comptant. Ie vins rendre compte de tout à Rozele, dont elle fut fort resioüie. Son oncle ne sçauoit encore rien de ce que ie luy auois dit: & comme il me pressoit de luy faire voir le Comte mon frere, ie le remettois du iour au lendemain, luy donnant à entendre que c'est vn homme dont ie voulois mesnager l'esprit, (comme aussi faisoit sa niepce qui s'entendoit fort bien auec moy) & qu'il falloit encor attendre quelque temps: mais durant toutes ces remises, il receut nouuelles de ma belle mere, que son mary pere de Ro-

Z

zele auoit fait naufrage en reuenant des Indes, & s'estoit noyé dans la mer, & qu'il estoit necessaire qu'il s'en retournast en diligence, pour mettre ordre aux affaires de la maison, où il estoit interessé en son particulier.

Dés qu'il eut receu cette triste nouuelle pour luy, & si ioyeuse pour moy, il fut impossible de l'arrester dauantage: & quoy que ie fisse semblant de le vouloir faire, il prit congé de nous, & s'en va à Seuille, aussi ignorant de mes affaires, qu'il en estoit party. A son arriuée, il trouua ma belle-mere griefuement malade, tant de la perte de son mary, que des ennuis de l'absence de sa fille, si bien que dans peu de iours son ame s'en alla apres celle de son mary, me faisant esprouuer la verité du prouerbe Espagnol, *Dulce es la muerte de…* que la mort d'vne belle mere est fort agreable : car elle me rendit heritier auec Rozelie de tout le bien de la maison, qui montoit à prés de cent mille escus.

Ayant ainsi merueilleusement bien establi ma fortune par l'entremise & l'assistance d'Adilson, il estoit tresraisonnable de le reconnoistre. Ie luy donnay vingt mille francs, auec lesquels il se retira fort content de moy. Voila, Seigneur Lecteur, l'heureuse yssuë de mes auantures, & l'estat present de mes contentemens : mais attendu que nul ne se peut dire heureux auant la mort, ie ne sçay si parmy tant d'excez de bonne fortune, il ne m'arriuera point quelque desastre, qui me fasse trouuer le Mercredy des cendres apres le Mardy gras, & que ma fin ne soit pareille à mon commencement.

Tout est sous la prouidence du Ciel, on ne peut preuoir l'aduenir: mais maintenant ie puis dire qu'il y a peu de personnes en l'Vniuers, de quelque condition qu'ils puissent estre, & quelque prosperité qu'ils puissent auoir, dont la felicité soit comparable à la mienne. Vueille le Ciel me la conseruer longuement en la compagnie de ma chere Rozele.

F I N.

LE CHEVALIER DE L'ESPARGNE.

DE DOM FRANCISCO DE QVEVEDO, Caualier Espagnol.

A PARIS,

Chez ARNOVD COTINET, rue des Carmes.

MDC. XXXXIIII.

LE CHEVALIER DE L'ESPARGNE

DE DOM FRANCISCO DE QUEVEDO, Cavalier Espagnol.

A PARIS,

Chez ARNOVD COTINET,
ruë Gilles

LE CHEVALIER DE L'ESPARGNE

De Dom FRANCISCO DE QVEVEDO, Caualier Espagnol.

L'exercice iournalier que doit faire le Cheualier de cet Ordre, pour conseruer son argẽt à l'heure qu'on luy demandera par don, laquelle il redoutera comme celle de la Mort.

PREMIEREMENT, dés le matin en s'éueillant, il fera le signe de la croix sur sa bourse, puis sur sa personne, pour coniurer tous les malins esprits qui pourroient former des actions petitoires à son preiudice.

Secondement il proferera deuorement ces paroles: *Ie fais vœu & ferme propos de ne donner, prêter, ny promettre aucune chose, soit en pensées, en paroles, ou en œuure:* puis il se recommandera à l'Ange Gardien, comme le Patron de son Ordre.

Cela fait il ira oüir la Messe, comme y estant tenu, cóbien qu'il fut iour ouurable, attendu que tous les iours sont pour luy des festes à garder: & ne doit reputer aucun iour, iour de trauail, que celuy auquel il sera obligé, contraint, & forcé de *donner*.

Le soir en se des-habillant pour se coucher, il rendra graces à Dieu de ce qu'il se dépoüille soy-mesme, & qu'vn autre ne l'a point fait; & par ainsi il dormira en repos, si d'auenture les punaises, les cousins ou les cousines, ou quelqu'autre sorte de vermine ne l'éueille.

Quand quelqu'vn le viendra visiter, de telle qualité ou condition qu'il puisse estre, dés que les complimens de l'abord seront faits, il vsera de ces propos par anticipation: *Ie pense que le monde s'en va le grand galop à l'hospital, car on ne trouue auiourd'huy gueres de gens, qui ayent dix pistoles d'argent contant deuant eux.* Puis apres il fera mille offres de seruice & d'assistance: car la premunition de ces paroles-là fera merueilles; elle rendra muets les plus effrontez demandeurs.

Et s'il aduenoit que le Cheualier fust preuenu d'vne demande soudaine & non preueuë, il respondra aussi promptement: *Helas Mon-*

sieur! ie vous allois trouuer pour vous prier de me secourir d'vne pareille somme pour m'ayder à faire reüssir vne affaire d'importance.

S'il se rencontre auec quelqu'vn qui loüe vne bague, vn diamant, vne monstre, vne espée, ou quelque autre chose qui luy appartienne, à dessein peut-estre qu'il luy en fist offre: *Monsieur*, repartira promptement le Cheualier, *ie l'estimeray desormais plus que ie n'ay fait cy-deuant, puis qu'elle a merité que vous en fissiez cas.*

Au surplus, il faut qu'il soit comme la Trompette, qui sonne seulement la charge, mais qui ne *donne pas*.

Il doit tousiours auoir en memoire ce terme de Fauconnerie, *Tien bien*.

S'il ne sçait la langue Latine, &

qu'il soit curieux de l'aprendre, il luy sera permis d'vser du *Despautere*, & non pas du *Donet*.

Il luy est deffendu de se seruir d'autre Prouerbe que de cettui-cy: *Qui bien serre bien trouue.*

Comme aussi d'vser de ces mots, *Fredon, Guidon, Amidon, Bourdon, Guerdon*, & de tous ceux de pareille terminaison, à cause de la derniere syllabe qui est fort odieuse à ceux de *l'Ordre*.

Ne pourra aussi ledit Cheualier iamais rien prester, si ce n'est l'attention ou l'oreille aux sons agreables seulement.

Et finalement qu'il se souuienne tousiours combien il est mort d'honnestes gens faute d'auoir la vertu *Retentiue*, & qu'vne demarde est comme vn coup de poing sur l'orifice de l'estomac, car elle fait perdre la parole; & par ainsi il viura content iusques la mort.

LETTRES
DV CHEVALIER
de l'Espargne.

A une Courtisane, qui luy demandoit de quoy payer le loüage de sa maison.

PHILINE, nos deux genies ne deuisoient pas ensemble, quand vous m'aués enuoyé vostre courriere crotée; vous n'eussiez pas si mal pris vostre temps que vous auez fait: i'estois alors sur mes liures de raison, & sur le calcul de mise & de la recepte que i'ay faite auec vous, où i'ay trouué auoir dépensé plus de bien que ie n'en ay rëceu. Et comme ie detestois contre mon mauuais ménage, vous m'étes venuë surcharger d'vne nouuelle douleur, par vne demande temeraire que vous me faites de cent pistoles, pour payer le loüage de vostre maison. Quand i'ay veu cét espouuentable compliement, i'ay pensé tomber à la renuerse. Cent pistoles, Philine! & où est vostre jugement? à qui pensez vous parler mamie, me prenez vous pour vn Atabalipa? Certes voila des paroles assez venimeuses pour m'oster la vie: Non, non, ie veux desormais changer de sujet, pour contenter mes sensuelles complexions, & m'exempter quant & quant des mortelles angoisses que vous me donnez; car au lieu d'vne courtisanne si chere, ie veux faire l'amour à vne femme sauuage, qui n'habite que les campagnes & les deserts. Vous en verrez les effects à ce mois de May; ie ne vous baille pas vn plus long terme, car les termes de voſtre lettre & de voſtre maiſon, me meneroient à la mort auant le terme.

A vne autre, qui refuſoit de ioüer auec luy, parce qu'il n'auoit plus d'argent.

AU LIX, ie penſe que vous auez veu le fonds de ma finance, lors que ie commençay à vous accoſter, puiſque vous auez ſi bien ajuſté le nombre de vos faueurs à celuy de mes piſtoles: Au meſme inſtant que ma bourſe a eſté eſpuiſée, vos courtoiſies ont ceſſé: On ne voit iamais de compte mieux calculé, car vous ne m'en auez pas donné pour vn teſton dauantage que mon argent n'a monté. Le meure, si vous n'estes vne cruelle ioüeuse, & de fort mauuaise compagnie, de me couper eu comme cela: Au moins, apres mon argent, me deuez vous tenir ieu sur des gages: car, à bien mesnager, comme ie pretends faire desormais, mon manteau, mon pourpoinct, & mes chausses, sont capables de m'entretenir encore quelque temps. Ioüez moy donc ie vous prie, iusques à ce que ie sois tout nud, car ie suis picqué, & puis ie me retireray glorieux dans mon extreme misere, de faire voir à tous l'excés de charité dont i'auray vsé en vostre endroit, en me despoüillant pour vous vestir.

Autre lettre, sur le mesme sujet.

COMMENT (AGRIPINE) quel Casuiste est-ce qui vous a depuis hier inculqué ce deuot stile ? quelle mortification vous a si soudainement touché le cœur ? Pour moy, quand ie considere la lettre que vous m'auez enuoyée ce matin, ie ne sçay si ie resue, ou si ie suis en mon bon sens. Le temps est sainct, dites-vous maintenant, vos voisines murmurent : vostre mere & vostre tante, vous querellent iour & nuict; vostre sœur vous blasme à mon occasion: & puis venant aux remonstrances, vous me dites que ie me pouuois bien imaginer que nos plaisirs ne deuoient pas étre perdurables; & en suitte de cela,

vous

vous me priez de ne plus prendre la peine d'aller chez vous, & qu'il est bien raisonnable de donner quelque portion de nostre vie à Dieu. Qu'est-ce à dire tout cela, Agripine? le Demon est-il deuenu prescheur? Et quoy! apres m'auoir succé tout le sang, rongé iusques aux os, & tiré la quinte-essence de ma bourse, me tenez-vous cét amoureux langage? Hé Fripponne que vous estes, quand i'auois dequoy fournir aux excez de vos desbauches & de vos gourmandises, vous ne disiez pas que le temps fust sainct, au cótraire, il estoit pecheur, & alors, il n'y auoit rien de plus muët que vos voisines, ny rien de plus complaisant que cette maudite mere, cette infame tante, & cette diablesse fardée de sœur, lesquelles il me falloit toutes nourrir & entretenir à grands frais pour vous posseder plus librement. Combien ay-ie souffert leurs importunitez; & combien me suis-ie souuent representé, me voyant au milieu de vous quatre, d'estre entre deux armées qui s'alloient choquer, ou bien dans vn clocher où l'on sonnoit le tocsin: car d'vn costé ie n'entendois autre chose que *donne, donne, donne,* & de l'autre, *don, don, don, don,* Mais maintenant, ie rends graces de bon cœur à mon indigence, puis qu'elle me deliure de toutes ces alarmes & ces frayeurs, & qu'elle est cause quant & quant, que de maquerelles & de garces vous estes deuenuës penitentes. A ce que ie voy, les cordons de ma bource vuide, vous seruent de discipline. Ie ne me sçaurois tenir de rire quand i'examine ces paroles que vous me dites, qu'il vous faut donner à Dieu cette portion de vie qui vous reste: car par vostre foy, à qui peut elle estre plus legitimement offerte, qu'à Lucifer? Et pour le regard de la priere que vous me faites, de ne me plus donner la peine d'aller chez vous, ie vous promets de bon cœur d'y satisfaire exactement; car ie ne suis pas si peu courtois, que ie ne vous vueille encore obeïr en ce point là. Il me reste à vous donner vn aduis; c'est que si vous estiez veritablement sensible aux remors de la conscience, & que vous eussiez enuie que Dieu vous pardonnast, il vous faudroit resoudre à me faire restitution d'vne partie de ce que vous m'auez mal pris: vous seriez cause que ie ferois vœu de me repentir du passé, & que i'imiterois vostre bon exemple; pour le reste,

A a ij

nous en plaiderons en Purgatoire, si d'auenture vous prenez ce chemin là, en partant de ce monde; car si vous allez en Enfer, comme il y a grande apparence, ie vous declare dés cette heure, que ie quitte le procez & desiste de ma poursuite, car il ne me seroit pas auantageux d'intenter actions contre vous dans le domicile de vostre mere, & de vostre tante.

Plaisant refus à vne Dame importune.

LAVRENCE, apres auoir long-temps medité la responce que i'auois à faire à tant de choses que vous me demandez, ie n'ay point trouué de stile plus Laconique ny plus conuenable au sujet, que de vous traiter comme les pauũres que l'on efconduit auec compaſſion, & vous dire, DIEV vous confole mamie, ie n'ay pas à preſent de quoy vous donner: vous me faites voir auiourd'huy vne choſe nouuelle: i'auois bien ouy dire qu'il y auoit des Ordres de Mandiants par le monde, mais non pas des filles mendiantes fans Ordre. Ne donnez donc plus la geſne à voſtre eſprit pour compofer ces belles requeſtes que vous m'enuoyez; auſſi bien me mettez vous en eſtat de me paſſer fort aiſément de voſtre conuerſation, car quiconque me voudra rendre chaſte, n'a qu'à me contraindre à la liberalité. Dieu vous confole mamie, ie n'ay pas à preſent dequoy vous donner.

A a iij

Il croyoit auoir trouué vne Maistresse qui ne luy deust rien demander, mais il est deçeu.

MESSALINE, i'auois escrit à vn de mes amis la bonne fortune que i'auois rencontrée en cette ville: & parlant de vous, ie me vantois de posseder vne fille si belle & si accomplie, qu'il n'y auoit rien à demander à elle. Mais maintenant ie me trouue bien trompé & grandement deceu en mon opinion, puisque vous ne proferez pas vne parole que ce ne soit vne demande. Si vous sçauiez à quel point cela me persecute, ie croy que vous changeriez de ramage : car il y a vne si parfaite vnion entre mon argent & moy, qu'il est impossible d'y mettre de la diuision sans me donner la mort: ce n'est pas là le moyen de me conseruer. Apres tout, il faut aduoüer que l'habitation & le sejour d'enfer ne valent rien, & que ie n'y veux point acheter d'heritage, de quelques belles raisons que vous vsiez pour m'y persuader. Tournez donc les dents & les ongles d'vn autre costé, car desormais vous ne trouuerez plus rien à mordre ny à gripper sur moy: & sçachez que ie n'ay esté pecheur que par occasion, & que d'oresnauant ie veux que ma continence me rende interest de ma finance.

───────────────

Il promet de deuenir continent, pour espargner son argent.

IE vous trouue plaisante, DALIDE, de dire qu'il ne faut pas que ie fasse le fascheux quand vous m'importunez de demandes si frequentes : qu'il y a plus du vostre que du mien, parce qu'en ce faisant vous vous obligez : Pour moy, ie ne sçay pas surquoy vous fondez vos arguments, car ie raisonne tout autrement que vous. Ie voy fort éuidemment qu'il va beaucoup plus à ce commerce là du mien, que du vostre, de quelque sens que vous le vouliez entendre, & que pour vostre regard vous ne vous obligez à rien qu'à receuoir & prendre. Quand à ce que vous dites que vous me traittez en amy, & que vous ne me pressez pas ; sçachez que ie ne suis non plus d'accord auec vous sur ce poinct-là que sur l'autre : car ie trouue que vous estes vne corsaire au lieu d'vne amie, & que vous me pressez si fort, que vous n'y laissez que le marc, encore bien sec: par où vous faites voir que vous estes autant insatiable en luxure, qu'en auarice: c'est pourquoy, que chacun se pouruoye ailleurs, & faites vostre compte que vous ne m'auez rien demandé, i'en feray de mesme de ma part, car le meilleur moyen que ie sçache pour nous obliger vous & moy à garder les commandemens, c'est de bien garder l'argent de ma bource: ie le feray fort soigneusement, pour essayer à nous mettre dans la voye de salut, & pour vous tesmoigner que i'ayme mon prochain comme moy mesme.

Il se gausse d'une qui le vouloit obliger à luy promettre de l'espouser.

A Ce coup, FLORA, vous me faites clairement connoistre, que mon honneur & mon bien soit à l'extremité & sur le poinct d'expirer, puisque vous m'apportez l'extreme-onction des demandes dans la priere que vous me faites de vous promettre mariage. Hé! dites moy, ma mignonne, quelle moderation, & quelle patience auez vous remarquée en ma personne, pour desirer que ie sois vostre mary ? Sans doute, vous vous estes trompée ; vous n'entendez rien à la physionomie, i'ay la mine d'vn homme de celibat, & l'experience d'vn veuf ; & d'autre part, ie suis si changeant, que deux paires de femmes ne me sçauroient durer plus d'vne semaine: Mais à force de penser à vostre dessein, ie comnence à recognoistre que vous estes plustost portée d'vn desir de vengeance, que d'en-

de l'Espargne. 381

uie d'auoir de mon engeance. Et donc, que vous ay-ie fait pour conspirer vn si grand mal contre moy? Non non, Flora, cherchez à vous contenter d'ailleurs, ie ne suis pas encore si repentant de ma vie, que ie la vueille contraindre à vne si rigoureuse penitence. Quant ie sentiray les remords de ma conscience, ie me marieray à vne robe d'Hermite: car afin qu'il ne me succede pas ce qui a accoustumé de succeder à ceux qui se marient auec des femmes, ie fais vœu de n'auoir iamais personne qui me succede, vous protestant que ie perseuereray en cette ferme resolution, iusques à ce qu'on ait institué vn Ordre pour la Redemption des mal-mariez, comme on en a fait vn pour racheter les Esclaues Chrestiens.

A une fille de Venus, qui luy auoit enuoyé demander de l'argent pour faire des aumosnes la Semaine Saincte

IVLIE, l'aumosne est vn œuure de pieté quand on la fait de son propre argent: mais quand elle se fait aux despens d'autruy, ce que Dieu ne vueille pas, c'est plustost vne œuure de cruauté que de charité. Ma fillette, ie voudrois bien vous pouuoir tesmoigner mon affection de ma bouche, & non pas de ma bource. Il est vray que nous sommes dans vn temps de pieté, mais la demande que vous me faites est impie; & de ma part, ie me recognois estre vn miserable pecheur. Considerez donc, ie vous

prie, comment il y auroit moyen
que tout cela se pust accorder ensemble. Pour moy, ie le trouue impossible: & partant, Dieu vous soit
en ayde.

---

*Responce à vne autre qui luy vouloit
faire loüer vne chambre, pour
voir combattre des Tor-
reaux.*

IE m'estonne fort, SILVIE, comment vous me priez de vous enuoyer dequoy loüer vne chambre
dans la place, pour voir vn combat
de Torreaux: car y a il vn combat
plus delectable à voir, que celuy
que nous faisons ensemble, vous
en me demandant, & moy en vous
refusant? Que penseriez-vous rap-
porter delà, qu'vn estourdissement
de teste pour vous, & vn desplaisir

extréme pour moy, d'auoir employé mon argent pour vous faire malade? Non non, Siluie, ie suis plus soigneux de vous que cela; moquez, moquez-vous de telles badineries, & n'en faites non plus de cas que des festes des Payens qui ne sacrifioient que des bestes: aussi bien n'y a-t'il autre chose à voir que morts d'hommes qui sont comme des bestes, & des bestes qui sont cóme la plus part des maris. Donc si vous estes sage, esloignez vous tousjours tant que vous pourrez de ces rumeurs & assemblées populaires, où il arriue ordinairement quelque desordre: imaginez-vous que vous y auez esté; aussi bié vne heure apres vous trouueriez vous aussi peu diuertie qu'auparauant, & moy auec moins d'argent.

de l'Espargne. 385

A vne qui s'estoit raillée de luy en compagnie.

FAVSTINE, vous auriez eu beaucoup plus de plaisir à me tenir sous la couuerture, que vous n'auez pas eu à me tenir sur le tapis comme vous fistes dernierement, à ce qu'on m'a rapporté. On m'a dit que vous vous gaussiez de mon auarice; mais ie vous donne aduis, que nous estions alors en pareille occupation; parce que mon auarice se railloit aussi de vous en mesme temps. De façon que nous sommes quites de ce costé-là. I'ay appris que vous trouuiez mille defauts en ma personne: que vous disiez que i'ay vne taille mastine, que i'ay les pieds insupportablement puants, & que mon nez ne sent gueres meilleur:

& puis en me donnant des ressemblances selon vos imaginations, vous disiez aussi que l'on me prendroit pour estre cecy, & tantost pour estre cela. Sçachez que ie vous promets de bon cœur de me faire tels reproches qu'il vous plaira, & mesme de me prendre pour tout ce que vous voudrez: car pourueu que vous ne me preniez point mon argent, vous n'irriterez iamais ma colere.

Il demande la charité à une Courtizane.

L'AMIE, vous vous estes acquise la reputation d'estre si charitable, & secourable enuers les necessiteux, que ie prens la hardiesse de vous supplier de vouloir exercer cette vertu là en mon endroit.

Ie

Ie suis vn pauure amant honteux, qui n'ose declarer son infirmité qu'aux personnes officieuses comme vous estes. Ie m'adresse donc à vous pour auoir allegement de ma langueur: & si vous me voulez faire quelque charité, faites en sorte, L'amie, que ce soit de nuict, ou bien en vn lieu, où il n'y ait que vous qui cognoisse mon indigence; car c'est en ceste façon que charité est parfaitement bien pratiquée.

Sur vne collation qu'on luy demandoit.

AFRANIE, vous me mandez que ie vous enuoye la collation cette apresdinée, pour vous resioüyr auec vne certaine compagnie de femmes qui vous va visiter, & que ie n'en parle à personne. Ie vous respons, que ie seray si exact à vous obeir en ce poinct là, & que le secret vous sera si fidellement gardé, que méme le patisier, le confiseur, ny le fruictier n'en sçauront iamais rien. Et quoy, Afranie, ne vous suffit-il pas de m'auoir tantost tout deuoré en disners & en soupers, sans vouloir encore manger ce qui me reste en gousters, & en collations? Apprenez, apprenez desormais à vous passer de ces repas superflus, & vous accoustumez à iesuner vn peu pour l'expiation de vos fautes. Il y a vn an, deux mois, trois iours & vne heure & demie que vous vous passiez de moy, & non pas vous seulement, mais encore deux de vos associez, vn frere & vn page. Ce qui m'a rendu quasi aussi sec qu'vn estique. Au moins laissez moy ce peu de chair qui me reste, afin que les vers du cimetiere trouuent quelque chose à ronger sur moy apres vous, & que i'aye dequoy leur payer le logement qu'ils me donneront auec eux.

Refus sur vne autre demande.

POppee, quand le refus que ie vous ay fait de vous enuoyer l'estoffe que vous m'auez demandée tant de fois, n'auroit seruy qu'à me faire admirer vostre bel esprit, vous deuriez estre fort satisfaite, car il faut aduoüer qu'encore que ce que vous me demandez ne soit qu'vne seule chose, ie suis émerueillé de voir qu'en l'espace de huict iours, vous m'ayez escrit plus de trente lettres, de stille & de façons de parler differentes: & en effect, vous auez bien sujet de rendre graces à Dieu, du beau talent qu'il vous a donné. Mais auec toutes ces loüanges-là, dont ie seray toujours fort liberal en vôtre endroit, ie vous aduertis que si vous eussiez employé en étoffe, l'argent qu'il a coûté en papier, en ancre, en cire, en soye à cacheter, & en souliers pour vos messagers, vous m'auriez deliuré d'vne pesante importunité, & n'auriez pas si inutilement prodigué les fleurs de vostre bel esprit. Ie ne vous l'enuoye pas pourtant, car ie n'aurois plus bonne grace à le faire, cela sembleroit plutost araché que donné, il est desormais trop tard. C'est pourquoy, vous vous contenterez s'il vous plaist de cette reconnoissance que ie fais de vos perfections, & des loüanges que ie leur donne de bon cœur.

Plainte d'vne courtisane contre le Cheualier de l'Espargne.

EN fin mon Cheualier, vous auez eu beau vous desguiser, le fil de vostre trame paroist à ce coup cy: on void bien à cela que vostre marchandise n'estoit pas de bonne fabrique, & que ce n'estoit que pure bifferie. En fin dis-ie, vous auez tesmoigné la condition dont vous estes, & quant & quant fait connoistre que vous estes le plus changeant de tous les hommes. Mais si dés le commencement que vous m'auez hantée, i'eusse voulu croire mes amies plus iudicieuses que moy, vous n'auriez pas maintenant cét auantage de m'oüyr plaindre de votre perfidie. Toutefois, quoy que ie die, ie ne manque pas de courage pour m'en vanger en vous imitant à l'aduenir. On m'a dit que vous auez rencontré vne bonne fortune? Et parce que ie la connois, i'ay dequoy m'exercer à admirer vôtre bon iugement; faites donc des vôtres tant qu'il vous plaira, vous asseurant que de mon costé, ie feray, non pas des miennes, mais des miens, qui ne vaudront pas moins que vous.

Response.

ENcore est-ce, Herodie, que le fonds & la trame de mon estoffe me soit demeuré; car apres m'auoir tondu de si prés que vous auez fait, il n'y deuoit pas rester vn seul brin de fil: mais il n'y a plus de remede, la faute en est faite; il fait bó quelquefois se retirer sur sa perte, de peur de pis faire. I'aduoüe librement, que cette qualité de changeant que vous me dónés, se pourroit fort iustement aproprier à vostre personne, veu que vous auez fait changer de domicile à tous les meilleurs meubles qui étoient chés moy, & les auez portez en vostre maison, auec autant de facilité que s'ils fussent retournez en leur centre, en cette mutation de lieu. I'ay regret auec vous, de ce que vous ne creustes pas vostre mere & vostre tante, dés le premier iour de nostre accointance, nous y aurions tous deux grandement profité, & moy encore plus que vous. Et en consideration d'vne telle parenté, si desormais ie me porte à faire l'amour, ie m'informeray premierement à qui la femme que ie voudray courtiser sera attachée : car i'aymerois mille fois mieux qu'elle fust tachée du mal de Naples, que d'auoir vne mere & vne tante autour d'elle : on guerit auiourd'huy facilement du premier mal, mais malaisément du second; ce sont des cancers qui minent iusques à la moüelle de la bourse. C'est ce qui m'a rendu vôtre maison odieuse, & redoutable, de sorte que si vous m'y voulez reuoir, chassez-en ces deux harpies: faites conjurer ces deux demons, qui vous possedent si absolument; car pour m'entretenir les faueurs d'vne fille, ie ne desire pas entretenir vn lignage entier. Au reste, souuenez vous qu'vn bon nautonnier ne choque iamais deux fois contre vn mesme écueil, & que de toutes les femmes qui sont au monde, ie n'en feray point des miennes qui ne vous donne plus d'enuie à conceuoir, que de mépris.

Remonstrance à une Courtisane, qui luy demandoit des affiquets à la mode.

LYCASTE, lors que ie m'imaginois que nous fussions vous & moy l'vnique objet de nos mutuelles affections, i'ay descouuert que nous sommes corriuaux & competiteurs en l'amour que nous portons tous deux à ma bourse: mais ie vous apprends que vous ne m'excederez iamais de ce costé-là; i'ay pour elle vne passion incomparable, laquelle se rend d'autant plus vehemente, que plus ie considere, qu'elle ne m'a iamais fait aucun faux bond, ny manqué au besoin. Et connoissant les faueurs dont elle m'oblige à chaque moment, il n'y a point de sujet sur la terre, pour qui ie me puisse plus piquer de ialousie que pour elle. Car mesme s'il falloit expofer ma vie pour son seruice, ie la luy sacrifierois, auec vne grande gayeté de cœur. Vous m'auez tousiours voulu faire croire, qu'il n'y auoit point d'autre image dans vostre memoire que la mienne, que vous aymiez vniquemét, mais si vous auez dessein de me bien imprimer cette pensée-là, ne me parlez plus de ces attifets, & de ces modes nouuelles d'habillemens, ne me tesmoignés plus l'affection que vous portés aux dorures & à la monnoye, car tout cela n'est que vanité & mondanité toute pure. Toutefois, si vous ne vous pouuez corriger de ces defauts là, pourquoy prenez-vous tant de peine à vous desguiser? que ne dites vous hardiment la verité, & au lieu de m'appeller dans vos lettres ma vie, mon ame, & mon cœur, mes yeux, que n'vsez-vous de ces termes qui expriment le mieux vos ressentimens amoureux? que ne dites vous mes escus, mes pistoles, mes quadruples, mes bougettes; Mais parce que vous ne connoissez pas encore bien mes complexions, ie vous apprens que les mignardises & les caresses qui me charment le plus, ce sont celles qui me coustent le moins; & tant plus on me les donne à bon marché, tant plus me sont-elles delectables. Tout ce qui me couste me dégouste, & ie n'estime pas qu'vne demande puisse passer pour vne galanterie, ny qu'on en puisse composer vn bon mot pour rire. Ne parlons donc point d'argent non plus que si jamais il n'en auoit esté, mais faisons l'amour à la mode des Bergers. Et si vous me voulez desormais escrire d'vn stile qui me soit bien agreable, laissez là ces Epistres dorées, & ne vous seruez plus que des complimens amoureux, sans toutefois vser de papier doré.

Sur le mesme sujet de la precedente.

LAïs, bien que vostre lettre qui contient mille demandes autant importunes que superfluës, soit formée d'vn stile fort peu agreable à mes humeurs, si est-ce que i'ay pris vn plaisant diuertissement de sa lecture: car encore que ie n'en sois pas deuenu plus liberal, au moins m'a t'elle rendu Philosophe contemplatif. Ie prends vn extresme plaisir à m'imaginer la belle diuersité des choses que vous me demandez, & admire quant & quant les merueilles du Createur, qui a voulu orner la nature d'vne si admirable varieté. Imitez moy ie vous prie, ne les conuoitez plus, contentez vous seulement de l'imagination, sans en vouloir la possession: aussi bien le prix & la valeur des plus belles choses du monde consiste plus en l'opinion qu'en la realité. Ces babioles-là, dont vous me parlez sont en si grand nombre, & ont des noms si bizarres, que i'aurois trop de peine à les retenir dans ma memoire. Ie n'en auray pas tant à retenir mon argent dans ma bourſe.

F I N.

www.ingramcontent.com/pod-product-compliance
Lightning Source LLC
Chambersburg PA
CBHW052043230426
43671CB00011B/1764